Biology for Curious Kids
Copyright © Arcturus Holdings Limited
Korean translation copyright © 2023 by Nikebooks
This Korean edition published by arrangement with Arcturus Holdings Limited
through YuRiJang Literary Agency.

이 책의 한국어판 저작권은 유리장 에이전시를 통해 저작권자와 독점 계약한
니케북스에 있습니다. 저작권법에 의하여 한국 내에서 보호를 받는 저작물이므로
무단전재 및 복제를 금합니다.

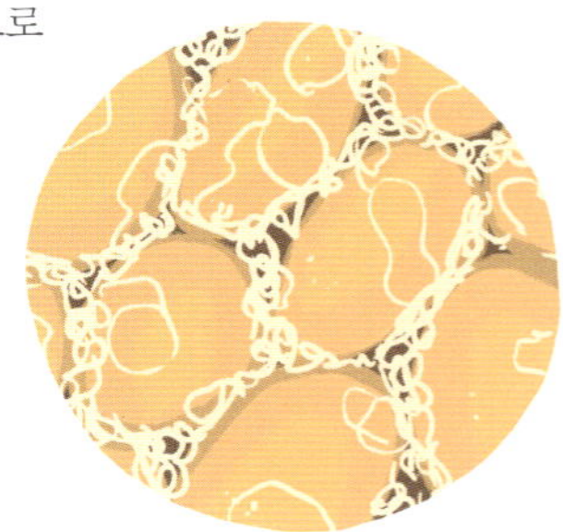

열두 살 궁그미를 위한
과학 시리즈
생물

로라 베이커 글 · 알렉스 포스터 그림
이대한 옮김

차례

생물학의 세계에 온 것을 환영해요!.....................7

생명이란 무엇일까요?.....................8

1장: 미생물학 11
- 생명체 만들기.....................12
- 생명체 코딩하기.....................14
- 생명체의 기본 단위.....................16
- 세포 공장.....................18
- 보이지 않는 생물들의 세계.....................20
- 좋은 미생물, 나쁜 미생물, 이상한 미생물.....................22
- 작지만 특별해요.....................24
- 생물의 왕국.....................26

2장: 식물학 29
- 식물의 힘.....................30
- 뿌리, 줄기, 잎, 꽃.....................32
- 식물의 생존법.....................34
- 다양한 식물.....................36
- 생명을 품은 꽃.....................38
- 꽃가루의 힘.....................40
- 벌은 아름다워.....................42
- 식물과 일하는 사람들.....................44
- 식물이 주는 선물.....................46

3장: 동물학 49
- 동물의 분류.....................50
- 척추동물의 종류.....................52
- 무척추동물의 세계.....................54
- 생활사.....................56
- 동물의 번식.....................58
- 먹이사슬을 따라서.....................60
- 동물들의 식사 시간.....................62
- 골격의 진화.....................64
- 생존 투쟁.....................66

4장: 생태학 69
전 세계의 서식지 70
생물군계 72
함께 살아요 74
생명체의 다양성 76
생명의 그물 78
환경의 변화 80
변화하는 기후 82
인간의 책임 84
지구를 지켜라 86

5장: 해부학 89
뼈 이야기 90
움직여 보아요 92
열심히 일하는 장기들 94
지휘하는 뇌 96
피의 여행 98
음식이 소화되기까지 100
세상을 느껴요 102
변화하는 몸 104
소중한 나의 몸 106

6장: 진화생물학 109
진화론 110
생명의 역사 112
과거의 흔적 114
유전과 변이 116
세상에 적응하기 118
생존 전략 120
멸종 122
미지의 생물들 124
지구 너머의 생명 126

용어 풀이 128
찾아보기 130

생물학의 세계에 온 것을 환영해요!

생물학은 **살아 있는 생명체**를 탐구하는 학문이에요.
동물과 식물, 작은 생명체와 큰 생명체, 오래된 종과 새로운 종 등등 모든 생명체를 연구하지요.
생물학은 우리가 살고 있는 지구가 예전엔 어떤 모습이었는지, 생명은 어떻게 시작되었는지,
앞으로는 무슨 일이 일어날지 알려 준답니다.

생물학은 여러 분야로 나눌 수 있어요.
어떤 생물학은 식물이 우리의 삶과 생태계에 얼마나 중요한지 연구해요.
또 다른 생물학은 지구에서 함께 살아가는 수백만 종의 동물들 세계를 탐험하죠.
또 어떤 생물학은 우리 인간의 몸을 구석구석 들여다보아요.
맨눈으로는 보이지 않는 아주 작은 미생물을 탐구하는 생물학도 있지요.

이렇게 다양한 생물학을 연구하는 사람을 **생물학자**라고 불러요.
어떤 분야를 연구하든지, 모든 생물학자에게는 공통점이 있어요.
바로 생명에 대한 흥미로운 질문들을 풀고자 한다는 점이죠.

자, 이제 책장을 넘기며 여러분이 직접 생물학자가 되어
놀라운 생명체 세계의 신비를 알아내 보아요!

생명이란 무엇일까요?

생명에 대한 연구를 시작하기 전에, 먼저 생명이란 무엇인지 알아야 해요. 무엇이 생명일까요? 생각할 수 있는 것? 숨 쉬는 것? 자라는 것? 잔디밭에서 자라나는 살아 있는 풀과 살아 있지 않은데 점점 커지는 불은 어떤 차이가 있을까요? 사람이 로봇과 다른 점은 무엇일까요? 생명은 어떻게 시작되었을까요?

생명의 특성

과학자들은 살아 있는 생명체가 가진 몇 가지 공통적이고 핵심적인 특성들을 찾아냈어요.

- 생명체는 영양분과 같은 물질들을 몸 안팎으로 이동시켜요.
- 생명체는 에너지를 사용해요.
- 생명체는 대부분 성장하며 그에 따라 모습이 바뀌기도 해요.
- 생명체는 주변 환경에 반응해요.
- 생명체는 자손을 낳거나 자신을 복제해서 번식할 수 있어요.
- 생명체는 몸 안팎으로 산소와 같은 기체를 교환해요.

불은 커질 수 있지만 스스로 물질을 이동시키지는 않아요.
로봇은 환경에 반응할 수 있지만 번식하지는 못해요.

❓ 풀리지 않은 질문들

새로운 생물종이 계속해서 발견되고, 과학 기술도 점점 발전하고 있어요. 그렇다면 우리가 모르는 새로운 생물을 어떻게 판단하고 분류할 수 있을까요? 만약 스스로 복제할 수 있는 로봇이 만들어진다면, 생명에 대해 새로운 정의를 내려야 하지 않을까요? 지구 바깥의 생명체는 어떨까요? 과학적 발견은 때때로 정답보다는 더 많은 질문을 안겨 주기도 하지만, 그 덕분에 생물학 연구는 더 흥미진진해진답니다.

철학과 과학

유명한 그리스 철학자 아리스토텔레스는 기원전 384년경에 태어났어요. 아리스토텔레스는 생명이란 무엇인지 **철학적**으로 고민했어요. 그는 생명은 성장하고 번식할 수 있는 모든 것이라고 정의했지요. 이후로 과학자들은 이 정의를 더 정밀하게 가다듬었지만, 생명에 대한 아리스토텔레스의 견해는 여전히 중심에 남아 있어요.

사실 아리스토텔레스는 종종 최초의 과학자로 여겨져요. 그는 다른 철학자들과 달리 머릿속으로만 생각하는 것에서 그치지 않고 직접 생물을 관찰하고 연구했어요. 동물들을 여러 종류로 분류한 최초의 인물로 알려진 아리스토텔레스는 철학뿐만 아니라 생물학의 아버지라고도 불러요.

1장
미생물학: 생명체의 기본적 구성 요소

지구상에서 가장 큰 동물인 흰긴수염고래부터
가장 작은 **박테리아**에 이르기까지,
모든 **생명체**는 **세포**로 구성되어 있어요.
단 하나의 세포로 이루어진 생명체도 있고,
무수히 많은 세포로 이루어진 생명체도 있어요.
인간의 몸은 수십조 개의 세포들로 이루어져 있답니다!

미생물학은 너무 작아서 현미경으로만 볼 수 있는 생명체인
미생물을 탐구하는 학문이에요.
이번 장에서는 생명체의 구성 요소를 알아보고,
현미경을 통해 세포의 삶을 들여다볼 거예요.

생명체 만들기

생명체의 구성 요소에 관해 이야기하려면 생물학과 화학이 모두 필요해요.
화학은 우주의 모든 것을 이루고 있는 수백 가지의 **원소**에 대해 알려 주지요.
이 원소들의 일부가 지구에서 생명체를 이루고 있어요.
이러한 원소들이 없었다면 생명체는 존재할 수 없었을 거예요.

나의 원소들

원소는 더 이상 분해되지 않는 물질의 기본 구성 요소예요. 금과 은 같은 금속 원소도 있고, 지구의 평균 표면 온도에서 기체, 혹은 고체나 액체 상태인 원소들도 있어요. 각각의 원소는 서로 다른 종류의 원자로 이루어져 있어요. 지구상에 존재하는 모든 것은 하나 혹은 그 이상의 원소로 이루어져 있지요.

쪼개 보아요

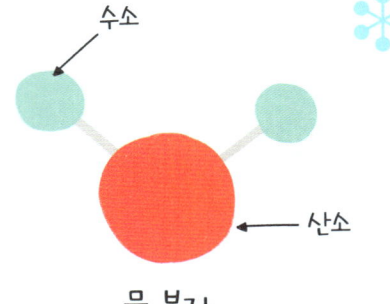

수소 ← 산소

물 분자

산소와 수소

수소는 우주에서 가장 풍부한 원소예요. 다른 어떤 원소보다도 수소가 더 많다는 뜻이지요. 또한 가장 가벼운 원소랍니다. 수소 원자는 종종 산소 원자와 결합하여 물 분자를 만들어요. 분자는 원자들이 함께 결합하여 이루어진 원자 그룹이에요. 한편 산소는 수많은 생명체가 생존하기 위해 호흡해야 하는 공기 중에도 독자적으로 존재한답니다.

질소

질소는 지구 대기의 약 80%를 차지하는 원소예요. 질소는 산소, 수소, 탄소와 함께 생명체를 이루는 중요한 고분자인 단백질의 구성 요소이기도 해요. 우리 몸의 모든 세포는 단백질을 지니고 있어요.

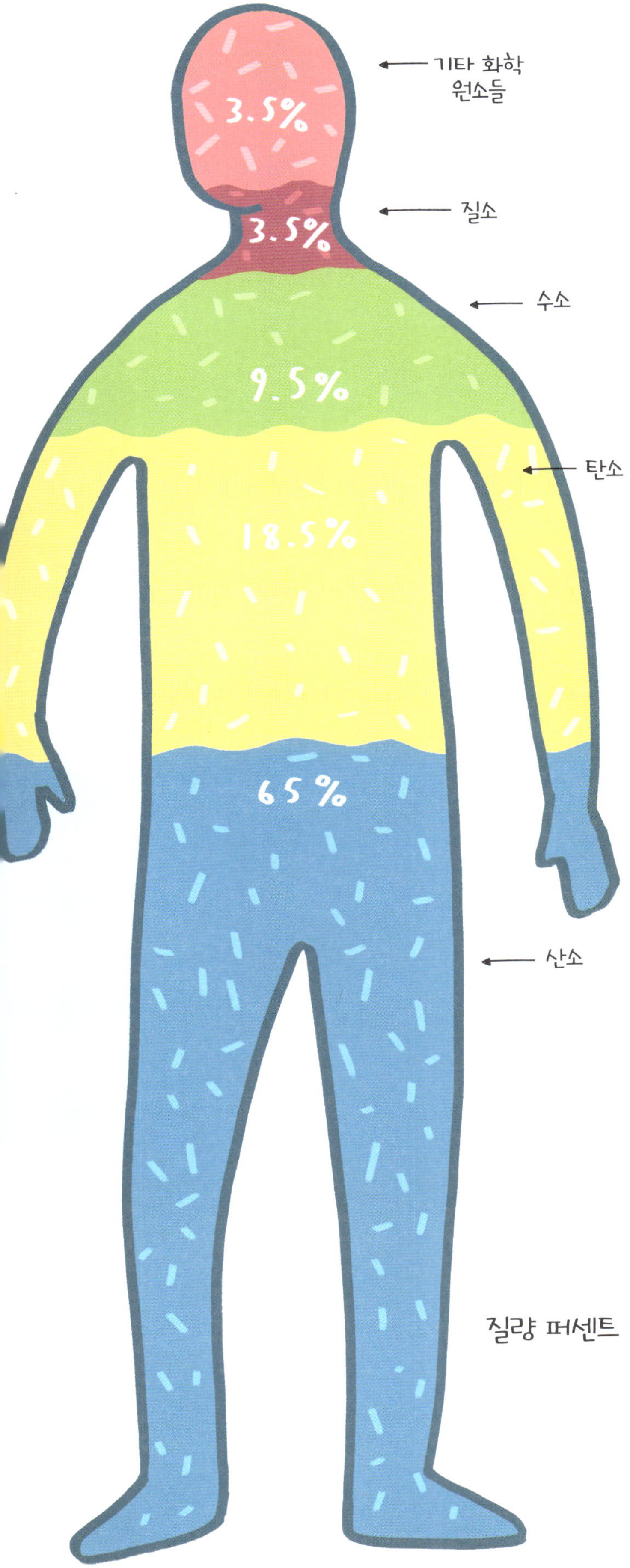

기타 화학
원소들 3.5%

질소 3.5%

수소 9.5%

탄소 18.5%

산소 65%

질량 퍼센트

 탄소

탄소는 지구상의 모든 생명체를 만들고 유지하는 데 가장 중요한 원소예요. 탄소는 다른 원소들과 다양한 방식으로 결합하여 **유기화합물**을 만들 수 있기 때문이에요. 탄소를 기본으로 하는 다양한 화합물이 수많은 생명체를 이루고 있어요. 탄소화합물은 크게 네 종류로 구분할 수 있어요.

1. 탄수화물: 탄소, 수소, 산소로 이루어진 탄수화물은 살아 있는 세포에 에너지를 공급해요. 설탕이나 녹말이 이에 해당하지요.

2. 지질: 기름지거나 왁스 같은 물질로, 에너지를 저장하고 세포막을 형성해요. 대표적으로 지방과 기름이 있어요.

3. 단백질: 생명체 속에서 매우 중요한 역할을 하는 고분자 물질이에요. 단백질은 세포를 만들고, 물질 변화와 화학반응을 촉진하며, 생명체 내에서 신호와 물질을 전달하는 역할도 해요.

4. 핵산: 핵산은 단백질을 만드는 설계도뿐만 아니라, 세포의 기능과 생식에 관한 정보를 담고 있어요. 예를 들어 우리 몸의 거의 모든 세포는 세포의 분열과 생존을 지시하는 암호화된 매뉴얼인 DNA(데옥시리보핵산)를 가지고 있지요.

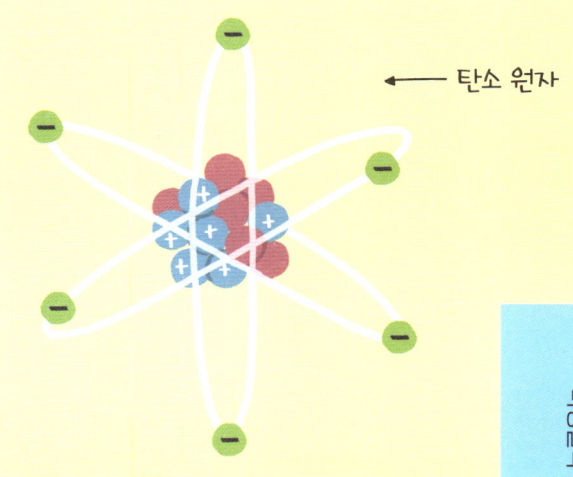

탄소 원자

생명체 코딩하기

모든 생명체는 자신의 형태와 기능을 결정하는 코드를 가지고 있어요.
이러한 매뉴얼은 거의 모든 살아 있는 세포에서 발견되는
DNA(데옥시리보핵산) 가닥에 보관돼요.
DNA에는 여러분을 유일한 존재로 만드는 비밀이 담겨 있지요.

 생명의 사다리

DNA는 긴 실 같은 **분자** 두 가닥이 서로 연결된 구조로 되어 있어요. 이 두 가닥은 꼬여서 **이중 나선**이라고 불리는 나선 형태의 사다리 모양을 만들어요. 사다리의 가로대는 네 가지 염기(아데닌, 시토신, 티민, 구아닌)로 이루어져 있어요.

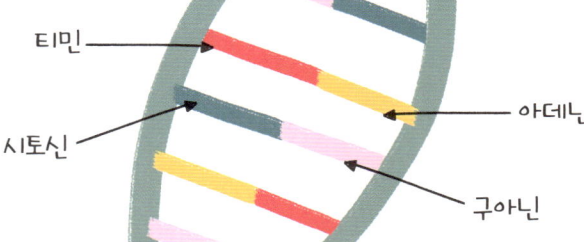

DNA 속에서 염기는 항상 짝을 이루고 있는데, 이는 DNA가 매우 똑똑하다는 점을 보여 줘요. 예를 들어 생명체의 성장이나 치유를 돕기 위해 세포가 번식해야 할 때, 하나의 DNA를 이루는 두 가닥의 사슬이 스스로 갈라져 각각 새로운 DNA를 만들 수 있어요. 각 가닥에서 염기에 맞는 짝을 찾아 원래의 DNA 사슬과 똑같이 만들어내면 되기 때문이지요.

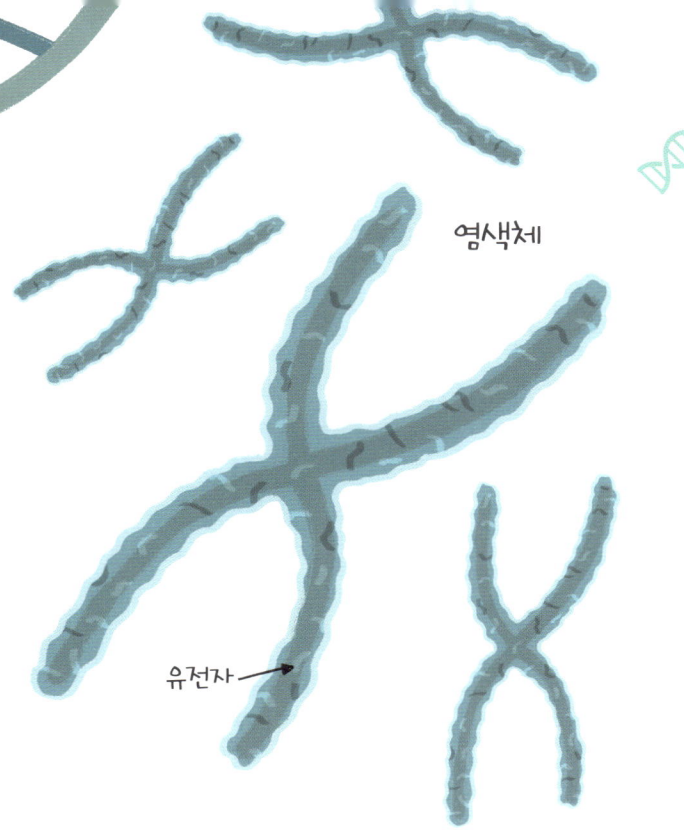

염색체

유전자

DNA와 유전자

DNA는 생명체 개개의 형질을 만들어내는 비밀스러운 설계도를 지니고 있어요. DNA 분자 속에는 **유전자**들이 들어 있는데, 각각의 유전자는 다른 정보를 담고 있어요. 이러한 정보 조각들이 모여 눈꺼풀, 키, 코의 모양과 같은 특성을 조절하지요.

유전자는 **염색체** 안에 담겨 있어요. 이중 나선 모양의 DNA로 이루어진 염색체는 세포의 핵 안에 들어 있지요. 사람은 엄마와 아빠로부터 각각 23개씩의 염색체를 물려받아요. 우리가 엄마와 아빠를 모두 닮은 이유이지요. 사람은 46개의 염색체 속에 2만 개가 넘는 유전자를 지니고 있어요. 생물종마다 가지고 있는 염색체 수가 다르기도 해요. 예를 들어 초파리의 염색체는 겨우 8개이고, 붉은 왕게는 무려 208개의 염색체를 가지고 있답니다.

DNA 탐정

(일란성 쌍둥이를 제외하고) 사람들은 저마다 고유한 DNA를 지니고 있어서 DNA로 신원을 확인할 수 있어요. 그래서 DNA는 범죄를 해결하기 위한 단서를 제공해 주는 완벽한 도구가 되지요. 범죄 수사에 과학을 활용하는 **법의학자**는 범죄 현장에서 발견된 머리카락이나 타액에서 DNA를 수집해요. 그리고 세포를 분석하여 **DNA 프로필**을 만들고, 그것을 용의자의 DNA와 대조하여 DNA가 일치하는 범인을 찾아내는 데 활용한답니다.

그냥 궁금해요

우리와 바나나의 유전자는 50% 정도 일치해요! 이는 대부분의 유전자들이 생명체가 작동하는 방식을 조절하기 때문이지요. 즉, 성장하고 에너지를 활용하기 위해 어떻게 물질대사를 진행할지 조절하는 일은 서로 다른 생물종에서도 거의 같은 방식으로 일어나요. 모든 생명체는 수십억 년 전에 등장한 단순한 단세포 생물로부터 진화했기 때문이에요.

생명체의 기본 단위

세포는 작지만 생명체에서 매우 큰 역할을 한답니다. 동물과 식물 등 모든 생물은 세포로 이루어져 있어요. 세포는 대부분 너무 작아서 현미경 없이는 볼 수 없어요. 하지만 모든 세포는 각자 중요한 역할을 맡고 있지요. 생명체의 기본 단위가 되는 세포의 종류는 수백만 가지가 있어요.

세포의 내부

세포 안에는 해당 세포의 특정 기능을 수행하는 데 도움을 주는 다양한 구조가 들어 있어요. 모든 동물세포에는 몇 가지 주요 요소가 있지요. **핵** 속에는 DNA가 들어 있어서 세포가 할 일을 지시해요. **세포막**은 세포를 둘러싸고 있으며 영양분이 드나들게 하지요. 젤리 같은 물질인 **세포질**은 화학반응이 일어나 한 분자가 다른 분자로 변화하는 장소예요. 미토콘드리아는 화학반응을 통해 영양분으로부터 에너지를 만들어낸답니다.

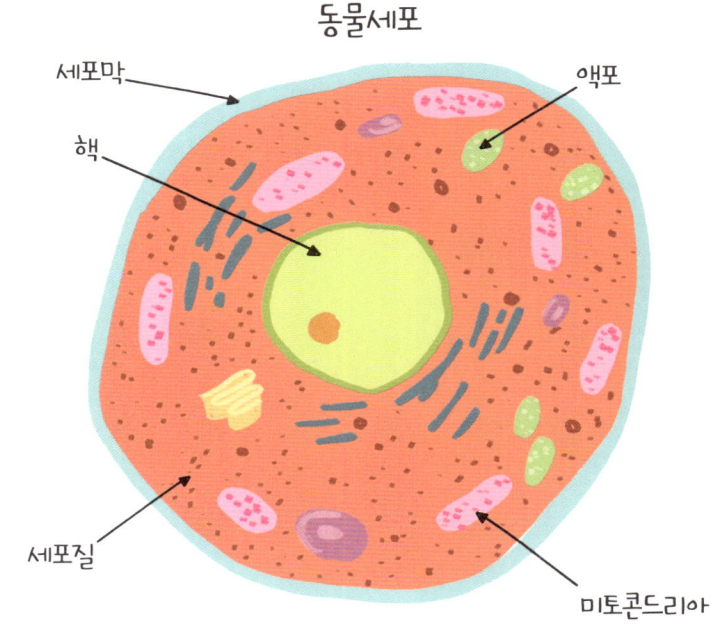

동물세포

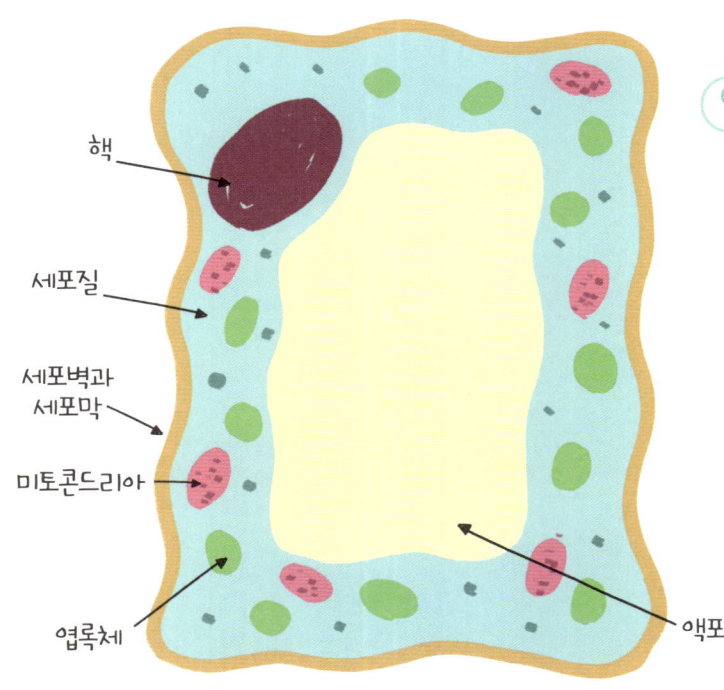

식물세포

동물세포와 식물세포

동물세포와 식물세포에는 핵, 세포막, 세포질, 미토콘드리아가 있어요. 이 밖에 식물세포에는 식물의 특별한 삶을 유지하기 위한 몇 가지 추가적인 특징이 있지요. 세포막 바깥에는 세포를 지탱해 주는 단단한 **세포벽**이 있어요. 세포질 안에는 식물을 위한 영양분을 만들어내는 **엽록체**가 있고요. 식물세포와 동물세포는 모두 **액포**를 가지고 있어요. 액포는 세포가 얼마나 단단하거나 말랑한지와 같은 상태를 조절하는 물질들이 저장된 공간이지요.

세포를 만드는 방법

생물은 새로운 세포를 만들어서 성장하고, 치유하고, 번식해요. 세포가 자신을 복제(복사)하는 방법은 크게 두 가지가 있어요.

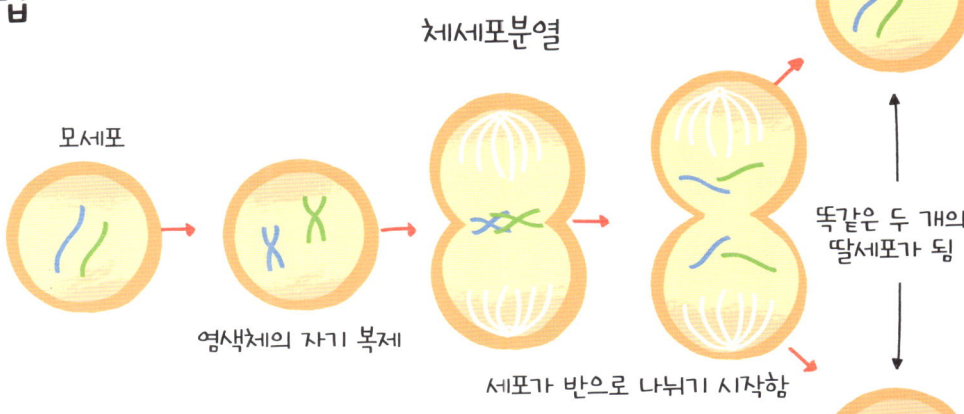

1 **체세포분열**에서는 세포가 나뉘어 두 개의 똑같은 복제 세포가 만들어져요. 이를 위해 각 **염색체**가 자신의 복제본을 만들어 두 개의 완전한 염색체 세트가 생기지요. 그런 다음 복제된 염색체 세트는 한 세트씩 균등하게 나뉘어 세포의 양쪽 끝으로 이동해요. 그리고 세포는 반으로 나누어지지요. 이 과정은 매우 정밀하게 이루어져서 새로 만들어진 두 개의 딸세포는 모세포와 똑같은 유전자를 갖게 돼요. 새로 만들어진 세포들은 생물이 성장하고 치유하는 것을 돕지요.

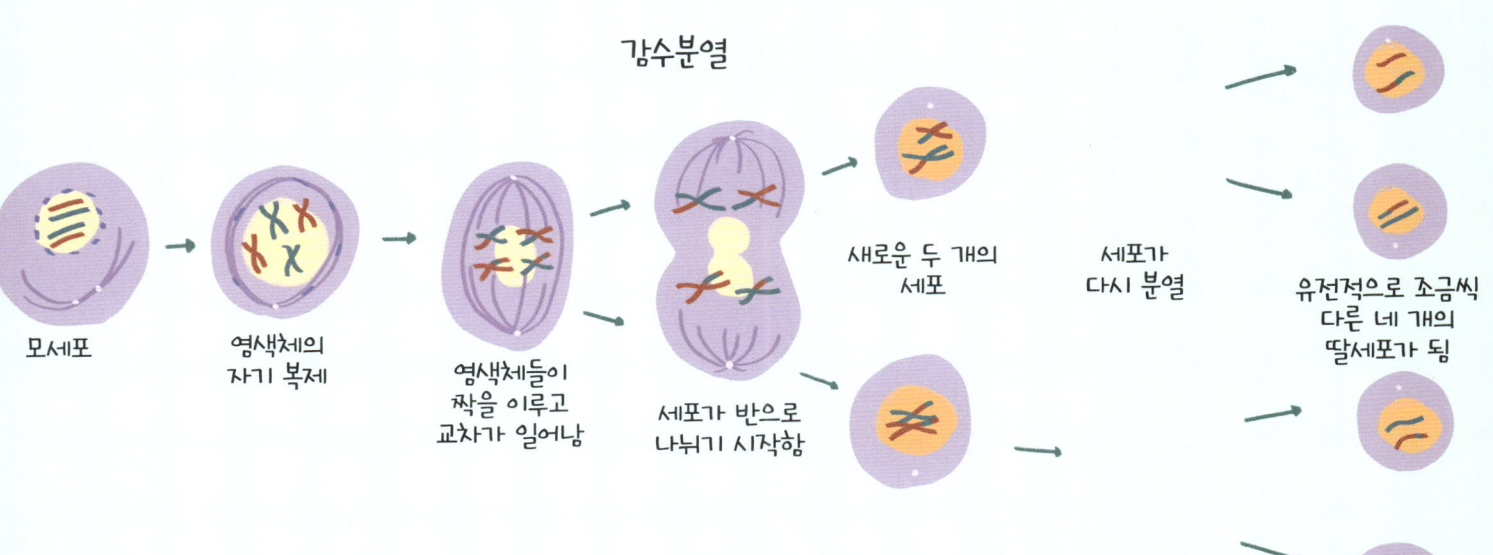

2 **감수분열**은 생식을 통해 새로운 생명을 만들 수 있게 해 줘요. 세포는 **두 번**의 분열을 통해 모세포의 **절반**의 유전 정보를 지닌 네 개의 세포를 만들어내지요. 체세포분열과 달리 유사한 염색체들이 짝을 이루고 염색체를 섞는 교차가 일어나요. 세포가 반으로 나뉠 때 각각의 새로운 세포는 서로 다른 조성의 유전자를 갖게 되지요. 두 개의 새로운 세포는 다시 분열하여, 절반의 염색체를 지니고 있으며 모세포와 유전적으로 다른 네 개의 생식세포가 만들어져요. 부모 양쪽에서 만들어진 생식세포 한 쌍이 만나 아기를 만들 때, 두 생식세포는 각각 절반의 염색체를 제공한답니다.

17

세포 공장

우리 인간을 비롯한 모든 생명체의 몸 안에 있는 세포들은 분주하게 활동하고 있어요. 어떤 세포는 산소를 운반하고, 어떤 세포는 우리가 생각할 수 있도록 하며, 어떤 세포는 에너지를 저장하고, 어떤 세포는 우리를 보호하지요. 우리 몸속에서는 수십조 개의 작은 세포 공장이 열심히 가동하여 우리를 살아 있게 해 준답니다.

핵

세포가 공장이라면, **핵**은 지휘하고 통제하는 공장장이라고 할 수 있어요. 핵은 세포가 자라고, 복제하고, 작동하는 방법을 알려 주지요. 핵 안에는 DNA를 품고 있는 **염색체**가 들어 있어요. 염색체 속에는 공장에서 어떤 물건이 만들어져야 하는지에 대한 설계도가 담겨 있지요.

리보솜

리보솜은 공장에서 바쁘게 일하는 일꾼이에요. 리보솜은 DNA 속에 담긴 설계도를 읽어 단백질을 만들어내요. 단백질은 신체의 모든 기능을 조절한답니다.

식물세포 공장

세포막

세포막은 물류를 담당하는 부서예요. 세포막을 통해 쓸모 있는 물질들이 세포 안으로 들어오고, 세포가 만들어낸 생성물과 노폐물을 내보내지요.

에너지

미토콘드리아와 식물의 **엽록체**는 공장의 동력원이에요. 이들은 생명체에 필요한 에너지를 세포 수준에서 조절하지요.

특수한 세포들

하나의 생명체는 다양한 종류의 세포들로 이루어져 있기도 해요. 이들은 생명체를 만들고 계속해서 살아갈 수 있게 하려고 함께 힘을 모아 일해요.

예를 들어 사람의 몸에는 서로 다른 기능을 담당하는 200여 가지의 세포가 있어요. 각각의 세포는 각자의 기능을 완벽하게 수행하기 위한 고유 형태와 내부 구조를 지니고 있어요.

신경세포

신경세포는 뇌와 신체의 다른 부위들 사이 그리고 뇌 안에서 신경 신호를 전달하는 역할을 해요.

적혈구

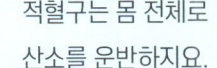

적혈구는 몸 전체로 산소를 운반하지요.

지방세포

지방세포는 지방의 형태로 에너지를 저장해요.

피부세포

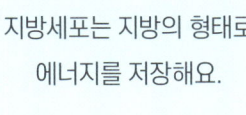

피부세포는 몸 안의 모든 것을 보호해요.

근육세포

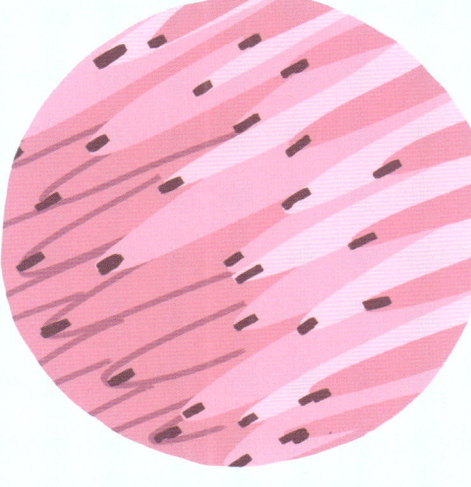

근육세포는 우리 몸이 움직일 수 있게 하지요.

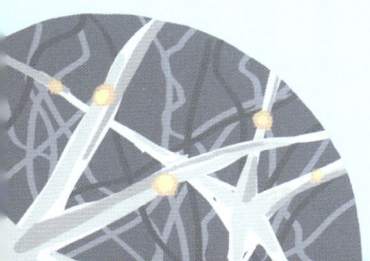

보이지 않는 생물들의 세계

현미경으로 들여다보면, 새로운 미시 세계를 발견할 수 있어요. 맨눈으로는 보이지 않는 아주 작은 세포들이 각자 바쁜 삶을 살고 있답니다. 이들은 바로 미생물이에요. 어떤 미생물은 우리에게 이롭고, 어떤 미생물은 해롭기도 해요. 또 어떤 미생물은 우리에게 아무런 영향을 끼치지 않지요!

미생물

미생물은 말 그대로 '작은' 생물이에요. 미생물은 **현미경**으로만 볼 수 있어요. **바이러스**는 너무 작아서 일반 현미경으로는 볼 수 없어요.

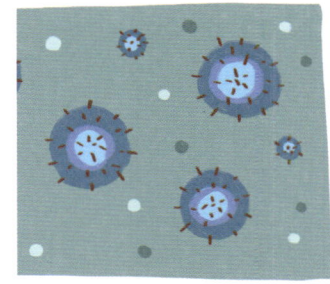

바이러스

어떤 미생물들은 단 하나의 세포로만 이루어져 있어요. 그 밖의 아주 작은 식물들과 물곰 같은 작은 동물들은 여러 개의 세포로 이루어져 있답니다.

고세균

물곰

? 그냥 궁금해요

17세기 초, 현미경이 발명되면서 사람들은 놀라운 미생물의 세계를 발견하게 되었어요. 그 이후로 현미경은 점점 더 강력해졌지요. 오늘날에는 무려 50만 배나 확대해서 볼 수 있는 현미경도 있답니다!

단세포

대부분의 미생물은 하나의 세포로 이루어져 있어요. 이들을 **단세포 생물**이라고 불러요. 40억 년 전쯤 바닷속에서 출현한 지구상 최초의 생명체는 바로 단세포 생물이었어요. 이 최초의 세포는 식물이나 동물을 이루는 **진핵세포**보다 단순한 **원핵세포**였어요. 원핵세포 속에서 DNA는 핵 속에 들어 있지 않고 자유롭게 떠다녀요. 오늘날 **박테리아**와 **고세균**(27쪽 참조)이 원핵생물에 해당하고, 나머지 모든 생물은 진핵생물로 분류된답니다.

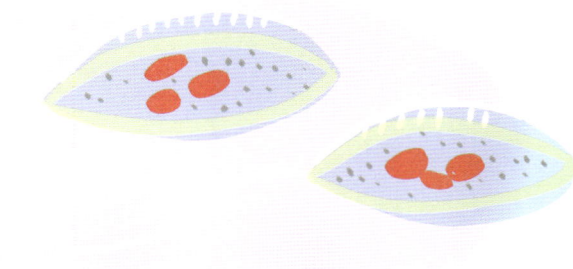

원생동물

원생동물은 단세포 진핵생물이에요. 어떤 원생동물은 꼬리, 털, 심지어 발과 비슷하게 생긴 위족을 가지고 있어요. 이들은 박테리아, 조류, 미세균류를 먹고 살지요.

균류는 단세포 또는 다세포로 이루어진 진핵생물이에요. 이들은 동물이나 식물에서 유래한 물질을 먹고 살아요. 균류는 특히 자연적으로 생성된 폐기물을 분해하는 중요한 역할을 해요. 균류의 하나인 효모는 설탕을 이산화탄소(탄산가스)로 바꾸어 빵을 폭신폭신하게 만드는 데 사용되지요. 어떤 균류는 질병을 일으키고, 반대로 어떤 균류는 의약품에 사용되기도 해요.

플랑크톤은 바다나 민물에 둥둥 떠다니는 작은 생명체로, 물고기나 다른 물속 생물들의 먹이가 되지요. 플랑크톤은 박테리아일 수도 있고, 식물과 비슷한 조류 또는 원생동물일 수도 있고, 심지어 아주 작은 동식물일 수도 있어요.

이로운 미생물

우리는 종종 박테리아나 균류 및 기타 미생물에 대한 안 좋은 이야기를 듣게 돼요. 하지만 어떤 미생물들은 우리에게 도움을 줄 수 있어요. 예를 들어 땅에서 발견되는 박테리아인 리조비움(*Rhizobium*)은 식물에 양분을 제공해요. 식품산업에서는 락토바실러스(*Lactobacillus*) 유산균과 같은 박테리아를 이용해 우유로부터 치즈와 요구르트를 만들어내지요.

좋은 미생물, 나쁜 미생물, 이상한 미생물

박테리아와 **바이러스**는 우리를 아프게 하는 것으로 잘 알려져 있어요.
틀린 말은 아니지만, 많은 박테리아에게는 해당하지 않는 이야기이기도 해요.
식물과 동물이 잘 살아갈 수 있도록 도와주는 중요한 역할을 하는 박테리아들도 많기 때문이지요.

박테리아

박테리아는 단세포 생물이에요. 박테리아 세포에는 세포벽이 있지만 핵은 없어요. 대신 DNA는 세포질 속을 둥둥 떠다녀요. 세상에는 제각기 다른 모양과 구조를 지닌 수백만 가지의 박테리아가 있어요. 어떤 박테리아는 이동할 때 사용하는 꼬리를 가지고 있고, 어떤 박테리아는 자신을 보호하기 위해 슬라임(점액)을 두르고 있어요.

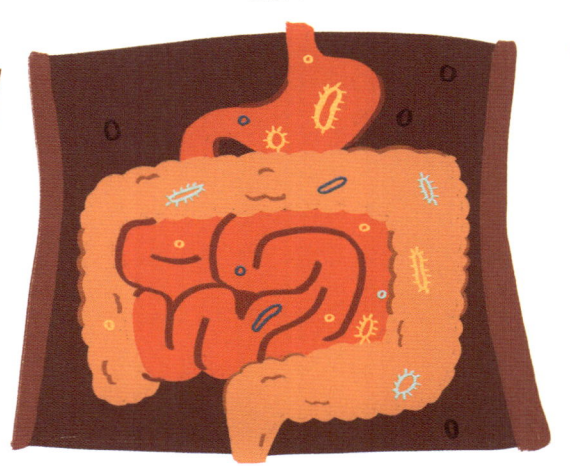
소화계

나쁜 박테리아

일부 박테리아는 사람과 동물을 아프게 만들 수 있어요. 이들은 식중독이나 수막염 같은 **질병**을 일으켜요. 몸속으로 들어간 박테리아 세포는 재빠르게 증식해요. 우리 몸은 재채기, 열, 구토 등의 방법으로 이러한 침입자를 제거하려고 하지요.

1928년 과학자 알렉산더 플레밍 경은 박테리아를 죽일 수 있는 약, **페니실린**을 발견했어요. 페니실린은 곰팡이가 만들어내는 물질로, **항생제**라고 불리는 약제로 작용해요. 항생제는 사람과 동물을 감염시키는 박테리아를 공격해요. 덕분에 전 세계에서 수많은 생명을 구하고 있답니다.

좋은 박테리아

우리 몸속에는 우리를 건강하게 지켜 주는 수십조 개의 박테리아가 있어요. 우리의 피부와 코, 심지어 입안에도 박테리아가 살고 있지요. 그리고 장 속에서도 수백만 개의 박테리아가 음식을 분해하고 소화하는 것을 도와주고 있어요. 우리 몸에 있는 많은 착한 박테리아들이 나쁜 박테리아와 맞서 싸우고 있답니다.

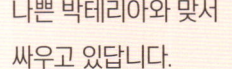

바이러스

안타깝게도 바이러스는 좋은 박테리아처럼 우리에게 도움이 되는 존재가 아니에요. 교활한 바이러스들은 동물과 식물 및 다른 생물들을 병들게 해요. 사람에게는 감기, 독감, 홍역, 코로나19와 같은 질병을 일으키지요. 바이러스는 세포로 이루어져 있지 않고, 그들의 DNA는 단순히 **단백질** 껍데기에 싸여 있어요. 바이러스를 생명체라고 부를 수 있는지에 대해서는 과학자마다 의견이 달라요. 바이러스는 오직 다른 생명체의 세포에 들어가 그들을 감염시켜야만 자신을 복제해 번식할 수 있기 때문이에요.

감기 또는 독감 바이러스

홍역 바이러스

우리 몸의 **면역계**는 바이러스와 싸우느라 애를 쓰고 있어요. 바이러스는 항생제로 치료할 수 없으므로, 손을 잘 씻고 마스크를 잘 착용해서 처음부터 감염되지 않도록 조심하는 것이 가장 좋아요.

❓ 그냥 궁금해요

깊은 바닷속에 사는 어떤 물고기들은 빛을 낼 수 있는 박테리아를 가지고 있어서 깊고 어두운 바다에서 **먹이**를 유인하기 위한 미끼로 사용하기도 한답니다.

작지만 특별해요

비록 우리 눈에는 잘 보이지 않지만, 미생물들은 카펫에서 깊은 바다에 이르기까지 이상하고 신비한 환경에서도 각자의 삶을 살아가고 있답니다. 미생물 중에 가장 놀라운 것은 박테리아나 곰팡이가 아니라 아주 작은 동물들이라고 할 수 있지요.

아주 작은 곰

아마 여러분은 한 번도 보지 못했겠지만, 아주 작은 **물곰**이 물과 진흙 속에서 걸어 다니고 헤엄치고 있답니다. 물곰은 여덟 개의 다리와 작은 발톱을 가지고 있어요. 무엇보다 물곰은 극한 환경에서도 생존할 수 있답니다. 무려 우주에서도요!

물곰

진드기

진드기는 여덟 개의 다리가 있으며 거미류에 속하는 아주 작은 동물이에요. 많은 진드기가 식물이나 동물을 **숙주**로 삼지요. 먼지 진드기는 사람에게 들러붙는 대신 집에 떨어져 있는 피부 각질을 찾거나 카펫이나 담요에 몸을 파묻는 것을 좋아해요. 진드기는 재채기가 나게 하거나 가려움증이 생기게 만들 수 있어요.

먼지 진드기

물이 없어도

불가사의한 작은 동물 **델로이드**는 물웅덩이나 축축한 흙 속, 혹은 민물에서 살아요. 놀랍게도 델로이드는 그들의 집이자 먹이 공급원인 물이 없어져도 몸을 말려서 수년 동안이나 생존할 수 있답니다. 다시 물을 만나게 되면 물을 흡수하고 정상적인 삶을 살아가지요!

 ## 아주 뜨거워도

깊은 바다 밑바닥에 있는 고세균 제오젬마 바로시(*Geogemma barossii*)는 다른 생명체는 도저히 살 수 없는 엄청나게 뜨거운 온도에서도 살아남아요. 뜨거운 물을 뿜어내는 열수 구멍 주위에서 미네랄을 먹으며 살아가는 이 미생물은 무려 섭씨 121도라는 높은 온도에서도 살 수 있어요.

 ## 뭉쳐야 산다

산호충은 연필심보다 작은 동물이지만 뭉치면 수천 킬로미터 길이의 거대한 산호초를 만들 수 있어요. 산호초는 산호충들이 모여 이룬 외부 골격으로 이루어져 있어요. 각각의 골격은 또 다른 골격의 옆에서 자라나지요. 산호충은 길이가 1센티미터에서 36미터에 이르는 다양한 크기의 해파리와 친척 사이예요.

 ## 크다...

가장 거대한 단세포 생물은 사실 맨눈으로도 볼 수 있어요. 바로 콜레르파 탁시폴리아(*Caulerpa taxifolia*)라는 해조류예요. 이 해조류는 30센티미터까지 자랄 수 있어요. 거의 볼링 핀 크기만 하게요!

 ## ...작다

가장 작은 미생물은 미코플라스마(*Mycoplasma*) 같은 박테리아랍니다. 이 박테리아는 엄청 작아서 200마리를 여러분의 머리카락 한 가닥 끝에 올릴 수 있을 정도예요. 이 박테리아는 아주 단순해서 세포벽 같은 것도 없답니다.

산호충

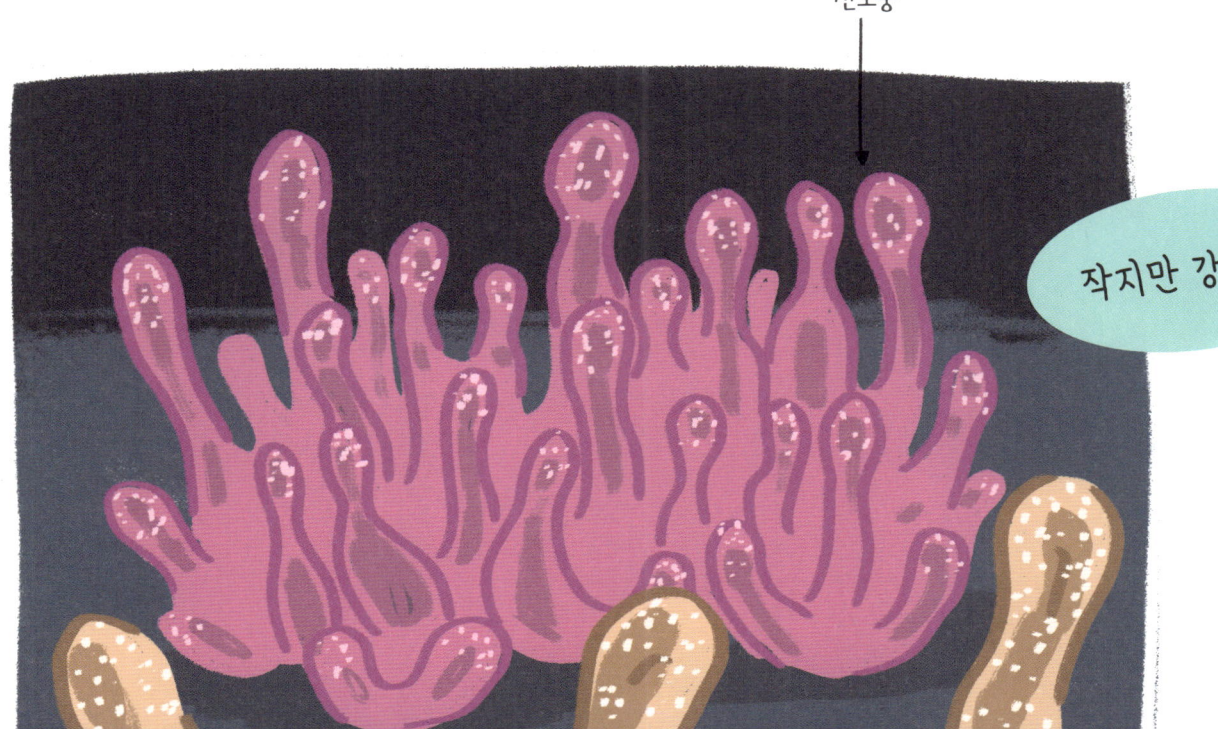

작지만 강해요!

생물의 왕국

모든 생명체는 크기가 크든 작든 여러 생물계로 **분류**될 수 있어요. 같은 계에 속한 생물들은 비슷한 특징을 공유하지요. 1700년대에는 생물이 동물과 식물 두 종류로 구분되었지만, 지금은 발전된 과학과 강력한 현미경을 바탕으로 생물을 **여섯 개의 계**로 분류하지요.

동물계

동물계는 수백만 종(비슷하게 생겼으며 서로 교배할 수 있는 생물 집단)으로 이루어져 있어요. 해면동물 같은 단순한 생물부터 거대한 고래와 똑똑한 인간까지 모두 동물로 분류되지요. 동물은 스스로 양분을 만들지 못해서 다른 생물을 먹고 살아요.

식물계

떠다니는 작은 개구리밥부터 우뚝 솟은 거대한 나무까지, 식물은 세상 곳곳에서 찾을 수 있어요. 심지어 대양 속에서도 말이죠! 이들은 다세포 생물로, 태양 에너지와 화학물질들을 이용하여 스스로 양분을 만들 수 있어요. 식물계는 지구상의 다른 생명체들을 지탱하는 중요한 역할을 해요.

 균계

균계는 단세포와 다세포 생물을 모두 포함하고 있어요. 과거에 균류는 식물로 분류됐었지만, 이제 과학자들은 이들이 식물과 매우 다르다는 사실을 알고 있지요. 식물과 달리 균류는 스스로 양분을 만들어낼 수 없어요. 대신 균류는 죽은 식물이나 동물 등으로부터 양분을 흡수해요.

박테리아계(세균계)

원핵생물(21쪽 참조)인 박테리아는 곳곳에서 찾을 수 있어요. 다양한 환경과 조건, 심지어 식물과 동물의 몸 안에서도 발견되지요. 박테리아는 햇빛으로부터 에너지를 얻거나 화학물질 또는 죽은 생물을 분해하여 에너지를 얻어요. 어떤 박테리아는 머리카락 같은 선모나 꼬리처럼 생긴 편모를 이용해 이동하기도 해요.

고세균계

박테리아와 비슷해 보이는 원핵생물인 고세균은 대양의 열수구, 온천, 염분 농도가 높은 해수 등 다른 생물들이 살 수 없는 척박한 환경에서 잘 자라요. 이들은 최근에야 발견되었지만 사실 지구상에서 가장 오래된 생명체 중 하나이지요.

원생생물계

원생생물계는 단세포 혹은 다세포 진핵생물(21쪽 참조)로 이루어져 있어요. 조류, 원생동물, 점균류 등과 그 밖에 다른 계에 속하지 않는 모든 생물이 원생생물로 분류되지요. 원생생물은 스스로 양분을 만들거나 다른 생물을 먹고 살아가요.

2장
식물학:
식물의 세계

바람에 흔들리는 잔디, 물에 떠 있는 수련, 우뚝 솟은 나무에 이르기까지
식물은 지구를 뒤덮고 있어요.
식물은 우리에게 음식과 자재, 숨 쉴 산소까지 제공해 줘요.
세상에는 수십만 종의 다양한 식물이 살고 있어요.
식물학자는 바로 그런 식물들을 연구한답니다!

식물학은 식물과 식물의 삶을 탐구하는 학문이에요.
식물의 특성, 생존법, 서식지와 그들의 유용함을 연구하지요.
이번 장을 통해 여러분의 호기심을 꽃피워서
식물에 대한 지식이 꽃필 수 있게 해 보아요.

식물의 힘

식물은 우리에게 멋진 풍경과 안식처, 각종 자재와 먹을거리를 제공해요.
식물은 우리가 숨 쉬는 공기를 변환하기도 하지요. 만약 지구에 식물이 없었다면,
인간과 다른 동물들도 존재하지 못했을 거예요.

생명의 순환

식물은 공기 중에서 **이산화탄소**를 흡수하고 **산소**를 만들어 내보내요. 우리는 숨을 쉬기 위해 산소가 필요하며, 공기 중에 이산화탄소가 너무 많으면 생존할 수 없어요. 사실 인간과 다른 동물들은 호흡을 통해 산소를 흡수하고 이산화탄소를 내뿜는데, 식물이 바로 이 이산화탄소를 흡수하는 것이지요! 이것은 지구상에서 생명을 지탱하는 아주 특별한 순환이랍니다.

식물아 고마워!

먹이와 안식처

식물은 산소를 제공할 뿐만 아니라 우리에게 먹을 것을 줘요. 식물은 먹이사슬의 가장 아래에 있어요. 많은 동물이 식물을 먹으며 살아가지요. 게다가 높은 나무에 사는 새부터 낙엽 속에 사는 작은 딱정벌레에 이르기까지, 식물은 야생동물에게 집과 안식처를 제공해요.

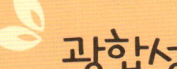
광합성

광합성은 녹색식물 안에서 생존을 위해 양분을 만들어내는 과정이에요. 식물은 태양 에너지를 이용하여 자신이 사용할 수 있는 형태의 **에너지**를 만들어 저장하지요.

1. 햇빛이 식물의 잎에 닿으면 엽록소라고 하는 녹색 물질이 태양 에너지를 흡수해요.

2. 식물의 뿌리가 땅에서 물을 흡수하고, 식물의 잎이 공기 중에서 이산화탄소를 흡수해요.

3. 식물은 햇빛으로부터 얻은 에너지를 이용해서 이산화탄소와 물을 결합하여 포도당을 만들어요.

4. 식물은 포도당을 에너지원으로 사용해요. 광합성 과정에서 만들어진 산소는 공기 중으로 방출돼요.

아기 식물

식물은 살아 있으며 동물과 마찬가지로 번식을 해야 해요. 식물들은 각기 다른 방식으로 번식한답니다. 많은 식물이 씨앗을 만들어요. **씨앗**은 보호막과 양분으로 둘러싸인 아주 작은 '아기' 식물체랍니다. 씨앗은 꽃(39쪽 참조)이나 방울열매(구과, 36쪽 참조) 혹은 과일 속에서 만들어져요. 고사리와 같은 양치식물은 씨앗보다 단순한 **포자**를 퍼뜨려서 번식하기도 해요. 씨앗이나 포자가 적절한 장소에 도착하여 적당한 햇빛과 물을 흡수하게 되면 새로운 식물로 자라나고, 이러한 순환이 다시 시작된답니다.

뿌리, 줄기, 잎, 꽃

크든 작든, 꽃을 피우든 피우지 않든, 대부분의 식물은 동일한 기본 기관들을 지니고 있어요. 이 기관들은 식물이 완벽하게 광합성을 진행하고 번식할 수 있도록 함께 일해요.

잎

잎은 광합성이 일어나는 장소예요. 잎에는 기체를 교환하기 위한 아주 작은 구멍들이 있어서 이곳으로 이산화탄소를 흡수하고 산소와 수분을 내보내지요.

줄기

줄기는 식물이 똑바로 서 있을 수 있도록 **지탱**하는 역할을 해요. 또 뿌리에서 잎이나 꽃으로 물과 양분을 나르는 역할도 하지요. 셀룰로오스와 리그닌으로 만들어진 나무의 줄기는 딱딱하고 튼튼하지요.

뿌리

뿌리는 식물을 고정해 주는 역할을 해요. 뿌리는 보통 땅속을 파고들지만 다른 식물을 휘감거나 공기 중으로 뻗어 나오기도 하지요. 뿌리는 물과 미네랄을 흡수하여 식물에 필요한 중요한 영양분을 공급해요.

꽃

모든 식물이 꽃을 피우는 것은 아니지만, 꽃을 피우는 식물들은 꽃을 통해 번식해요. 꽃은 화사한 색이나 향기로 꿀벌이나 나비 같은 동물을 유혹하지요. 이 동물 친구들은 꽃가루를 옮겨 열매를 맺을 수 있도록 도와줘요(40쪽 참조). 꽃은 대부분 냄새가 향긋하지만 어떤 꽃은 파리를 유인하기 위해 썩은 고기 냄새를 풍기기도 하지요!

이파리의 마법

잎은 식물이 살아가는 데 필요한 양분을 만들어내는 마법이 펼쳐지는 곳이에요. 식물마다 생김새가 다른 것처럼 이파리 또한 모양과 크기가 다양하지요. 하지만 다양한 이파리들도 대부분 동일한 기본 구조를 지니고 있어요.

잎맥은 줄기를 통해 운반된 물과 양분을 이파리 구석구석으로 전달하는 역할을 해요. 광합성을 통해 만들어진 식물의 에너지원인 **포도당**도 잎맥을 통해 운반되지요.

잎자루는 잎과 줄기를 연결해 주는 부분이에요. 잎자루는 잎을 지탱하는 **주맥**과 연결되어 이파리가 어떤 날씨에도 견딜 수 있도록 도와줘요.

잎의 뒷면에는 작은 **기공**들이 있어서 이곳으로 이산화탄소가 들어오고 산소가 나온답니다.

개성 있는 식물들

식물들은 각자 주어진 환경에 적응하며 살아가요. 그래서 저마다의 특징을 나타내지요. 감자나 당근 같은 일부 식물들은 겨울 동안 살아남기 위해서 **땅속**의 줄기나 뿌리를 통통하게 만들어 양분을 저장한답니다.

이끼 같은 몇몇 식물은 줄기나 뿌리가 없어요. 그래서 **무관속식물**이라고 불러요. 이들은 수분을 흡수할 수 있는 축축한 곳에서 살며 주로 바닥에서 낮게 자라지요.

33

식물의 생존법

우리와 마찬가지로 식물도 이 세상에서 살아가려면 필요한 것들이 있어요.
식물이 지구에서 살아남으려면 음식과 마실 것
그리고 몇 가지 특별한 재료가 필요하지요.

햇빛

그냥 궁금해요
말을 할 수 없는 식물들도 서로
의사소통을 할 수 있어요!
해충으로부터 공격을 받은 식물은 다른
식물에게 위험을 알리려고 화학물질을
분비하기도 해요.

행복하고 건강한 초록색

식물이 건강한지 아닌지 어떻게 알 수 있을까요? 식물은 미소를 짓거나 말을 할 수는 없지만, 나름대로 우리에게 자신의 상태를 알려 주지요. 식물은 대부분 꼿꼿하게 몸을 세우고 밝은 초록색 잎을 펼친 모습으로 건강함을 보여 준답니다. 만약 식물이 시들기 시작한다면, 이는 식물에 무언가 부족하다는 뜻이에요. 건강한 식물은 더 많은 햇빛을 받기 위해 태양 쪽으로 몸을 세우고, 뿌리는 물과 양분을 찾기 위해 땅속으로 뻗어 나간답니다.

빛과 온기
식물은 **햇빛**을 흡수해서 양분을 만드는 데 필요한 에너지를 얻어요. 따뜻한 **온기**도 식물의 씨앗이 자라는 데 도움을 주지요.

 ## 공간
뿌리가 땅속 깊이 넓게 퍼져 나가거나, 질퍽한 땅 위로 뻗어 나가려면 충분한 **공간**이 필요해요. 충분한 공간이 있어야 뿌리가 식물에 필요한 물과 양분을 찾을 수 있어요.

 ## 이산화탄소
이산화탄소는 광합성에 사용되는 필수 재료로, 물과 결합하여 포도당을 만들어요. 이산화탄소는 식물의 이파리에 있는 기공을 통해 들어와요.

 ## 물
물은 광합성에 꼭 필요한 재료예요. 식물은 마치 빨대로 음료를 마시듯 뿌리와 줄기를 통해 물을 흡수해요. 어떤 식물은 생존을 위해 많은 양의 물이 필요하지만, 사막의 선인장처럼 매우 적은 양의 물로도 살아갈 수 있도록 적응한 식물도 있어요.

 ## 미네랄
식물은 질소, 인, 칼륨 등이 풍부하게 들어 있는 비옥한 **토양**에서 잘 자라요. 식물은 뿌리를 통해 이러한 미네랄을 흡수하지요.

다양한 식물

'식물' 하면 보통 초록색 잎을 지니고 꽃을 피우는 식물들을 떠올리지만,
이러한 형태와는 전혀 다른 식물들도 존재해요.
지구상에는 수십만 종의 식물이 있으며, 셀 수 없이 많은 변종이 있지요.

식물을 두 종류로 나눈다면

식물은 크게 관속식물과 무관속식물로 나눌 수 있어요.

1 **관속식물**은 물과 양분을 운반하는 특별한 관을 지니고 있어요. 지구상의 식물 대부분은 관속식물에 해당한답니다.

관속식물은 현화식물, 겉씨식물, 양치식물 그리고 속새류로 세분할 수 있어요. 현재까지 26만 종의 **현화식물**이 발견되었어요. 현화식물은 꽃을 생식기관으로 가지고 밑씨가 씨방 안에 들어 있는 식물군을 말해요. 난초, 해바라기, 완두콩 모두 현화식물이지요.

소나무와 향나무 같은 **겉씨식물**은 대개 바늘처럼 뾰족한 잎을 가진 침엽수예요. 겉씨식물의 씨앗은 방울열매 속에서 자라나 방울열매가 떨어질 때 함께 땅으로 내려오지요. 겉씨식물은 대개 사시사철 푸른 상록수예요. 겨울이 되어도 잎을 매달고 있지요. 반면 더 부드럽고 얇은 잎을 가진 활엽수들은 겨울 동안 잎을 잃어버려요.

양치식물은 이파리 밑면에 붙어 있는 포자낭에 들어 있는 포자를 퍼뜨려 번식한답니다.

양치식물

2

관속식물과 달리 **무관속식물**은 줄기나 뿌리가 없어요. 어떤 무관속식물은 제대로 된 잎조차 없지요. 이들은 머리카락처럼 생긴 헛뿌리를 이용해서 땅바닥에 붙어 있어요. 심지어 흙이 아닌 바위 표면이나 나무껍질에서 이들을 발견할 수도 있지요. 무관속식물은 포자를 이용해서 번식한답니다. 대표적인 무관속식물로는 이끼와 녹조류를 들 수 있어요.

주로 축축하고 그늘진 땅바닥에서 자라는 **이끼**는 작은 잎을 지니고 있어요. 전 세계에는 12,000종이 넘는 이끼가 있어요.

매우 작은 단세포 생물인 **녹조류**도 있고, 커다란 해초 크기로 자라는 녹조류도 있어요. 이들은 바닷속부터 얼음 표면까지, 물이 있는 곳이라면 어디에서든 잘 자라지요.

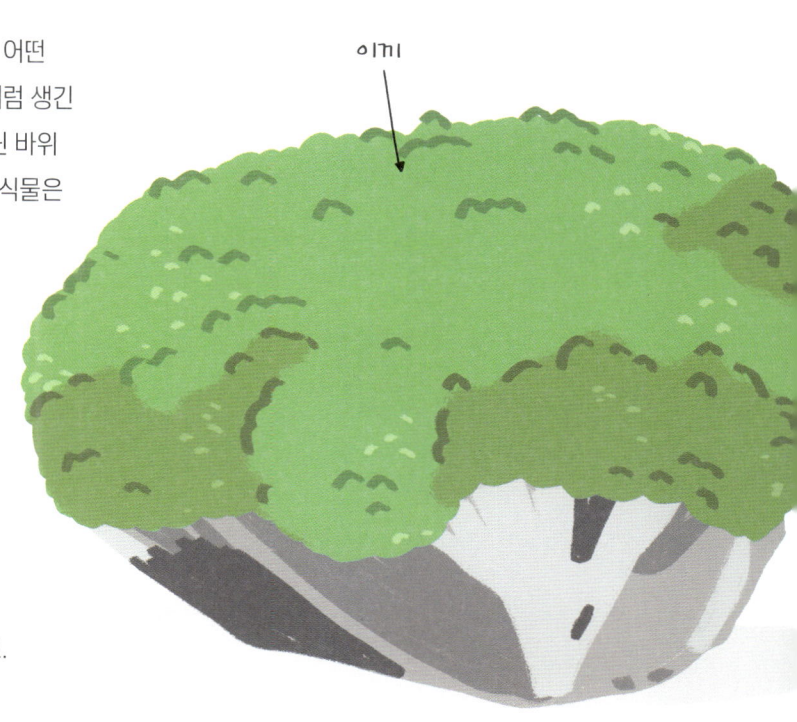

이끼

 ### 물속에서도 잘 살아요

우리는 물속에 사는 식물들이 있다는 것을 알고 있어요. 그런데 이 식물들은 어떻게 수중에서 살아갈까요? 많은 수중 식물은 햇빛을 받기 위해 수면 가까이에 자리를 잡아요. 이런 식물 중 하나인 수련은 물에 둥둥 뜨는 커다란 잎을 가지고 있지요. 더 깊은 바닷속에서 살아가는 식물들은 햇빛이 덜 필요하도록 적응했고 물속에 있는 이산화탄소도 이용할 수 있어요. 햇빛이 전혀 닿지 않는 심해에서는 어떤 식물도 살 수 없답니다.

 ### 육식식물

식물들은 전통적인 방법으로는 원하는 것을 얻을 수 없다면, 창의적인 방법을 고안해 내기도 해요. 예를 들어 **파리지옥**은 영양분이 부족한 척박한 토양에 살면서 턱처럼 생긴 이파리로 곤충이나 작은 동물을 잡아먹어요.

 # 생명을 품은 꽃

식물부터 동물, 균류, 박테리아에 이르기까지, 모든 생물은 각자의 생활사(생물의 개체가 발생을 시작하고 나서 죽을 때까지의 일생)를 가지고 있어요. 현화식물의 생활사는 씨앗, 식물, 꽃, 열매, 그리고 다시 씨앗의 단계로 진행된답니다.

꽃을 피운 식물

씨앗

새싹

현화식물

많은 식물이 작은 씨앗으로 생활사를 시작하지요. 씨앗은 생명을 품고 있답니다!

성장 중인 식물

1. 씨앗이 땅에 떨어져요. 씨앗 속에는 DNA와 새로운 식물이 자라나는 데 필요한 양분이 들어 있어요. 이곳에서 식물의 생명이 시작되지요.

2. 씨앗이 땅에 터전을 잡아요. 물과 온기가 충분해지면 씨앗의 겉껍질이 갈라지고 새싹이 돋아나기 시작해요. 뿌리는 땅속으로 파고들면서 양분을 찾아요. 줄기는 땅 위로 솟아나기 시작하고요.

3. 식물이 더 많은 햇빛과 물, 양분을 흡수하게 되면서 잎이 자라고 식물의 키가 점점 더 커져요.

4. 꽃이 피어나요. 꽃에서 수분이 일어나고 나면(40쪽 참조) 씨앗이 만들어지지요. 다시 새로운 생활사가 시작될 준비가 되었어요.

꽃에선 무슨 일이?

꽃 속에는 식물이 생활사를 거듭할 수 있게 도와주는 작은 기관들이 많이 들어 있어요. **꽃받침**은 꽃이 피기 전까지 꽃을 보호해 줘요. 꽃이 피어나면 **꽃잎**이 펼쳐지지요. 밝은색의 꽃잎은 곤충들을 유혹해요. 꽃 속에는 동물들이 좋아하는 달콤한 꿀을 만들어내는 **꿀샘**도 있지요. **수술**은 꽃가루를 담고 있는 꽃가루주머니와 이를 지탱하는 수술대로 이루어져 있어요. **암술머리**는 꽃가루를 모으는 역할을 해요. **씨방** 속에는 씨앗으로 자라날 운명의 **밑씨**가 들어 있어요.

 ## 신선한 열매

수분이 일어나고 나면, 꽃 속의 밑씨는 씨앗으로, 밑씨를 담고 있는 씨방은 열매로 발달해요. 어떤 열매는 복숭아처럼 과즙이 넘치고, 어떤 열매는 호두처럼 딱딱해요. 어떤 열매는 전혀 열매처럼 보이지 않기도 해요. 예를 들어, 민들레의 열매는 복슬복슬한 솜털 뭉치인데 민들레 씨앗이 바람에 잘 날아가도록 해 주지요. 산딸기 같은 일부 열매는 여러 개의 씨방으로 만들어져 있기도 해요. 모든 열매를 먹을 수 있는 것은 아니에요. 어떤 열매는 독성이 있거나 수분이 전혀 없기 때문이지요. 식용 열매는 씨앗을 멀리 퍼뜨리는 데 유용해요. 새부터 원숭이까지, 동물들이 열매를 섭취한 뒤 대변을 통해 씨앗을 배출해 새로운 장소로 씨앗이 운반되지요.

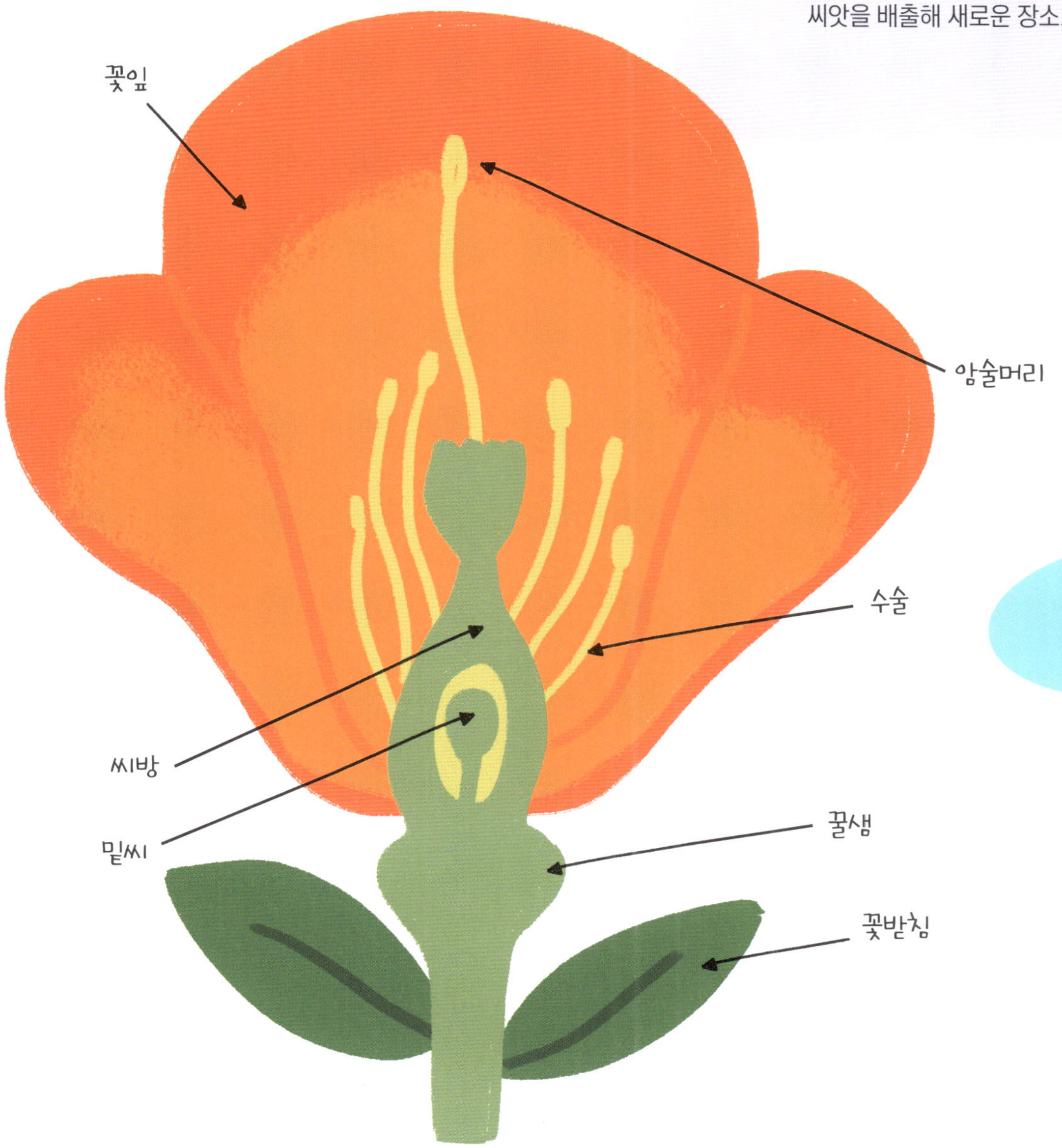

꽃의 구조

꽃잎 · 암술머리 · 수술 · 꿀샘 · 꽃받침 · 씨방 · 밑씨

꽃가루의 힘

사과나무에서 밀에 이르기까지 현화식물은 우리에게 정말 중요한 존재예요.
그래서 이 식물들이 잘 번식하는 것이 아주 중요해요.
현화식물이 생명을 이어 가는 방식은 크게 무성생식과 유성생식 두 가지가 있어요.

1 식물의 암수 생식기관

대부분의 현화식물은 **유성생식**을 통해 자손을 만들어요. 유성생식을 위해서는 암과 수 두 가지 성의 기관이 모두 필요해요. 이 두 기관은 종종 같은 꽃 안에 자리 잡고 있어요. 수술은 꽃가루가 만들어지는 수생식기예요. 꽃가루는 암생식기인 암술머리와 씨방을 거쳐 밑씨에 다다라야 해요.

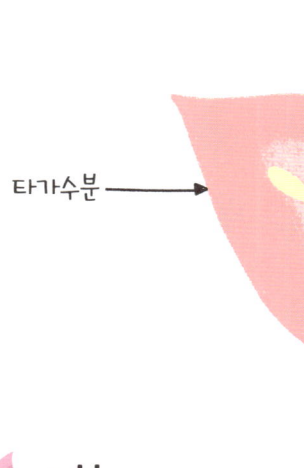

타가수분

자가수분

수분

곤충, 새, 박쥐, 원숭이 등의 꽃가루매개자는 꽃의 달콤한 **꿀**에 이끌리지요. 이들이 꽃에서 꽃으로 건너다니며 꿀을 핥아 먹을 때 몸에 달라붙은 **꽃가루**를 다른 식물의 암술머리에 묻히면서 수분이 일어나지요. 꽃가루가 무사히 밑씨까지 다다르면 **수정**이 일어나고 마침내 씨앗이 만들어져요.

수분은 바람을 통해 일어나기도 해요. 바람이 불면 꽃가루가 공기 중으로 흩날리다가 다른 꽃에 도착하지요. 외딴 장소에서 살아가는 몇몇 식물에서는 자신의 꽃가루와 밑씨가 만나서 수정하는 자가수분이 일어나기도 해요.

씨앗 퍼뜨리기

열매에서 새로운 씨앗이 만들어지고 나면, **씨앗**(종자) **분산**을 통해 땅으로 가서 새로운 식물로 자라날 차례예요. 열쇠 모양으로 생겨서 빙글빙글 돌며 날아가는 플라타너스의 씨앗처럼, 어떤 씨앗은 **바람**을 타고 퍼져요. 또 어떤 씨앗은 **동물**에게 먹힌 뒤 소화기관을 통과하여 대변으로 배출되는 방식으로 운반되거나 갈고리를 이용해 동물의 털에 달라붙어서 퍼트려져요. 어떤 씨앗은 더 극적인 방식으로 퍼지기도 해요. 등대풀은 열매가 익으면 작은 폭발을 일으켜 터지면서 씨앗을 멀리 날려 보낸답니다.

2

혼자서도 잘해요

무성생식은 또 다른 번식 방법이에요. 어떤 식물은 암수 기관이나 씨앗 같은 것이 없어도 스스로 새로운 생명을 시작할 수 있어요. 무성생식이 가능한 식물의 일부분을 잘라서 비옥한 땅에 다시 심으면 온전하고 똑같은 식물로 자라나요. 마늘이나 수선화 같은 일부 식물은 땅속에 커다란 **알뿌리**를 만들어 양분을 저장할 뿐만 아니라 새로운 식물을 만들기 위해 알뿌리를 쪼개 스스로 번식할 수 있어요.

? 그냥 궁금해요

바람을 타고 떠다니는 작은 꽃가루들은 어떤 사람들에게는 꽃가루 알레르기를 일으켜서 재채기가 나오게 한답니다!

41

 # 벌은 아름다워

벌은 자연 세계의 숨은 영웅이에요. 우리가 먹거나 재료로 쓰는 대부분의 식물을 수분하는 벌은 인간의 삶과 **생태계**에 꼭 필요한 존재이지요.

벌

자연의 영웅

윙윙거리며 바쁘게 날아다니는 벌은 많은 식물의 주요 **수분매개자**랍니다. 벌은 꽃에서 달콤한 꽃꿀을 맛보는 대가로 꽃이 씨앗을 만들 수 있도록 수정을 도와줘요. 꽃과 벌에게 모두 이익이 되는 일이지요. 벌 중에서도 **꿀벌**은 우리가 즐겨 먹는 벌꿀을 만들어요. 벌꿀은 꿀벌이 먹었다가 다시 뱉어낸 꽃꿀로 만들어져요.

 ### 그냥 궁금해요

오직 암컷 꿀벌들만 꽃꿀과 꽃가루를 모아요. 수컷 꿀벌들은 주로 벌집 안에 머무르지요.

벌의 중요성

식물은 바람을 이용하거나 수분매개자를 통해 수분하지요. 벌은 아몬드, 블랙베리, 양배추, 양파, 감자 등 사람들이 음식으로 즐기는 여러 식용 식물의 수분매개자랍니다. 벌은 면화나 아마처럼 옷을 만드는 데 필요한 식물들의 수분도 매개하지요.

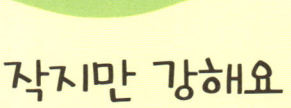

작지만 강해요

전 세계에는 무려 **2만 종**이 넘는 벌이 살고 있어요. 이들은 저마다 특별함을 보이는데, 많은 종이 특정한 꽃에 적응했어요. **호박벌**은 인동이나 디기탈리스처럼 매우 깊은 꽃을 수분하는 데 특화되어 있답니다. 호박벌의 긴 혀가 깊숙한 곳까지 들어갈 수 있기 때문이지요.

위기에 빠진 벌

세계적으로 벌의 수가 줄어들고 있어요. 어떤 종은 이미 완전히 사라져 버렸고, 다른 많은 종도 **멸종** 위기에 처해 있어요. 주거지를 만들기 위해 숲의 나무를 베어내고, 농사를 짓기 위해 들꽃들을 없애면서 벌들이 집을 잃고 있어요. 농약이나 **지구 온난화**도 벌의 생존을 위협하지요.

벌을 도와주는 방법

우리는 마당에 꽃을 심고, 들꽃이 만발한 들판을 보존하여 벌을 지켜 줄 수 있어요. 지역 농부들이 생산한 꿀을 사는 것 또한 이 작고 바쁜 곤충이 벌집에서 꿀을 만들며 살도록 도와준답니다.

 # 식물과 일하는 사람들

전 세계의 많은 사람이 식물에 매혹되어 살고 있어요.
이들은 신비한 식물을 연구하고 다양한 방식으로 식물을 다루며 일하고 있지요.

농장에서

농업은 식물이나 동물을 기르는 일이에요. 농부가 재배하고 수확하는 **작물**에는 채소, 과일, 밀, 면화, 꽃 등이 있어요. 사과나 오렌지 같은 과일은 주로 **과수원**의 나무에서 자라요. **밀**은 밀가루와 빵을 만드는 데 필요한 중요한 작물이에요. **면화**는 옷이나 침대 시트를 만드는 데 필요한 면직물의 원료를 생산해내요. 농부는 식물을 최적의 상태로 키우기 위해 자신이 기르는 식물의 복잡성을 잘 알고 있어야 한답니다.

정원에서

정원을 관리하는 일을 **원예**라고 해요. 원예사는 각 공간에 맞는 최적의 식물을 찾아낼 수 있도록 훈련된 사람이에요. 원예사는 오래된 저택의 거대한 정원을 관리하며 서로 다른 시기에 피어나는 꽃들을 활용하여 일 년 내내 푸른 정원이 계속 생기를 유지하도록 하지요. 어떤 원예사들은 식물의 치유 능력에 주목하여 달콤한 꽃향기와 산들거리는 이파리들이 편안한 느낌을 주는 정원을 만들려고 한답니다.

 ## 식물을 보호하는 사람들

환경 보호 활동가들은 환경을 보호하고 보존하려고 노력해요. 숲 보호론자들은 숲이 공기와 지역사회, 경제 및 생태계에 주는 이점을 알려 주면서 숲을 보존해야 한다고 소리 높여 말하지요. 이들은 **산림 파괴**와 맞서며 미래 세대를 위해 나무를 심어 숲을 가꾸고자 해요.

나무를 살려요!

 ## 식물을 공부하는 사람들

식물학자는 끊임없이 식물을 공부하는 사람이에요. 식물학자들 덕분에 우리는 신비한 식물의 세계를 더 잘 이해할 수 있지요. 식물학자는 새로운 품종을 **교배**하거나 식물의 DNA를 연구해요. 화학 등 다른 분야의 학문을 함께 적용하기도 하지요. 그들은 식물로부터 새로운 약물을 개발하거나 어떻게 하면 작물을 더 잘 재배할 수 있는지 알아내요. 심지어 우주에서 채소를 기르는 방법까지 찾아낸답니다!

 ## 식물학의 아버지

기원전 327년 그리스에서 태어난 **테오프라스투스**는 식물학의 아버지로 불려요. 그는 식물에 관한 중요한 두 권의 책을 지었으며, 최초로 식물을 서식지, 크기, 용도 등으로 묶어 체계적으로 분류한 사람이기도 해요. 식물학에 대한 테오프라스투스의 개념은 훗날 과학자들이 그것을 좀 더 가다듬을 때까지 수백 년 동안 이어졌답니다.

 # 식물이 주는 선물

식물이라는 다재다능한 슈퍼히어로는 우리에게 산소와 음식,
목재뿐만 아니라 또 다른 중요한 선물들도 제공해 주어요.

종이

4,500여 년 전, 고대 이집트인들이 풀과 비슷한 파피루스라는 식물로부터 최초의 종이를 만들었어요. 그때 이후로 식물은 종이를 만드는 데 사용되고 있답니다. 기원후 100년경, 오늘날에도 여전히 사용되는 종이 제작법이 중국에서 발명되었어요. 셀룰로오스가 풍부하게 들어 있는 식물의 섬유질을 물에 넣고 분해하여 **펄프**를 만든 뒤 물기를 제거하고 펄프를 압축, 건조하여 얇은 종이를 만들어내지요.

나무에서 나온 목재는 오늘날 거대한 공장에서 제조되는 대부분의 종이 제품의 원료로 쓰여요. 나무를 이용해 노트, 책, 신문, 지폐, 포장지, 화장지 등등 다양한 종이 제품을 만들 수 있어요.

옷

옷은 대부분 식물성 재료로 만들어져요. **면화**는 식품 다음으로 가장 많이 팔리는 농작물이랍니다. 전 세계에서 생산되는 **직물**의 절반가량이 면으로 만들어지지요. 면은 복슬복슬한 면화의 씨앗에서 나와요. **인조 직물** 또한 식물을 원료로 사용해요. 예를 들어, 레이온은 식물의 세포벽을 이루는 셀룰로오스로 만들어져요. 레이온은 면이나 울과 비슷한 촉감을 주기도 하지요. 이 밖에 리넨, 삼, 심지어 대나무도 직물을 만드는 데 쓰이지요!

면화 수확기

치료제

오래전부터 식물 전문가들은 몇몇 식물 재료가 **약물**로 쓰일 수 있다는 사실을 알고 있었어요. 초기의 식물성 약재는 통증이나 열을 잠재우는 데 사용됐답니다. 그중 일부는 지금도 약재로 쓰이고 있어요. 예를 들어 옛날 사람들은 통증을 줄이기 위해 버드나무 껍질을 씹곤 했어요. 버드나무 껍질에는 살리실산이 들어 있는데, 이는 오늘날 진통제인 아스피린의 성분이기도 하지요. 약국이나 마트에서 살 수 있는 비타민제 중 일부는 식물에서 원료를 추출해요. 옛날부터 쓰인 전통 약재부터 새롭게 발견된 약재들까지, 식물은 우리에게 특별한 치료제를 선물해 주고 있어요.

비타민 영양제

 ## 연료

우리가 사용하는 에너지의 상당 부분은 석탄, 석유, 천연가스와 같은 화석연료에서 나온답니다. 화석연료는 땅속 깊은 곳에 오랫동안 묻혀 있던 죽은 식물과 동물의 잔해로부터 만들어져요. 하지만 이런 화석연료는 **재생 불가능한** 연료예요. 화석연료가 만들어지는 느린 속도는 우리가 사용하는 빠른 속도를 따라갈 수 없어요.

자연적으로 보충되는 자원을 사용하는 **재생 가능한** 에너지원을 찾는 일이 점점 더 중요해지고 있어요. 식물 또한 재생 가능한 에너지원이 될 수 있답니다! 예를 들어 석유로부터 만들어지는 휘발유나 경유 대신 **바이오 연료**를 이용해 차를 운행할 수 있어요. 바이오 연료는 사탕수수와 같은 식물로 만들어지지요.

3장
동물학:
동물의 왕국

믿을 수 없이 다양한 형태와 크기, 종류의 동물들이
지구상에서 가장 커다란 생물계를 이루고 있어요.
바다 밑바닥부터 남극의 차가운 얼음에 이르기까지,
생명으로 가득한 열대우림부터 광활한 사막과 평원에 이르기까지,
흥미진진한 동물의 세계가 우리를 기다리고 있답니다.

동물학자는 동물을 연구하는 사람이에요.
동물이 어떻게 행동하고 무리를 지으며 어디에 살고 있는지 알아내지요.
이번 장에서는 다양한 종류의 동물들이 복잡한 세상에서
다양한 방식으로 살아가고 번식하는 모습을 관찰하러
함께 사파리 여행을 떠날 거예요.

동물의 분류

지구에는 수백만 종의 동물이 살고 있어요. 종은 서로 비슷하게 생겼으며 함께 자손을 만들 수 있는 동물들로 이루어진 집단이에요. 이를테면 사자도 하나의 종이지요. 동물을 더 잘 이해하기 위해 과학자들은 비슷한 종들을 더 큰 그룹으로 묶기도 해요.

동물 가족들

모든 동물종은 서로 친척 사이랍니다. 그런데 얼마나 가까운 친척일까요? 과학자들은 분류 작업을 통해 다양한 동물종을 과와 목, 강 같은 그룹으로 묶어요. 깃털이나 다리의 개수 같은 특징은 동물학자들이 다양한 동물을 분류하는 기준이 될 수 있어요. 예를 들어 깃털을 가진 새 두 마리의 관계는 다리가 두 개인 새와 다리가 여덟 개인 거미의 관계보다 훨씬 가까운 사이지요. 유명한 동물 분류군으로는 포유류, 조류, 어류, 파충류, 양서류, 무척추동물류가 있어요. 자세히 들여다보면 동물들 사이에서 깊은 유사성과 다양성을 찾을 수 있답니다.

분류의 예시

표범 vs 사막여우

동물을 어떻게 분류할 수 있는지 몇 가지 예시를 살펴보아요.

	표범	사막여우
온혈동물인가요?	예	예
다리는 몇 개인가요?	4개	4개
알을 낳나요?	아니요	아니요
털 혹은 비늘로 덮여 있나요?	털	털
긴 주둥이가 있나요?	아니요	예
발톱을 숨길 수 있나요?	예	아니요
어떤 과에 속하나요?	고양이과	개과

많은 특징을 공유하는 사막여우와 표범은 둘 다 포유류에 속해요. 하지만 주둥이 모양, 발톱을 발 속에 숨길 수 있는지와 같은 특징의 차이로 인해 서로 다른 과로 분류된답니다.

? 그냥 궁금해요

흰긴수염고래는 지구상에 현존하는 가장 거대한 동물이에요. 흰긴수염고래의 심장은 거의 자동차만큼이나 무거워요. 이 거대한 생물은 허파를 가지고 있으며 온혈동물이기 때문에 똑같은 특징을 지닌 아주 작은 뒤영벌박쥐와 같은 분류군으로 묶이지요.

검색표

다음으로 **검색표**를 이용하여 도롱뇽과 벌새를 살펴보아요. 검색표는 동물의 분류를 도와주는 질문의 묶음이에요.

먼저, 옆에 있는 검색표를 도롱뇽에 적용해 봐요. 도롱뇽은 털이 없고, 깃털도 없으며, 건조한 피부도 없고, 비늘도 없으니까 **양서류**로 분류할 수 있지요.
다시 똑같은 검색표를 벌새에 적용해 봐요. 벌새도 털이 없지만 깃털이 있으니 조류로 분류할 수 있어요.
도롱뇽과 벌새는 서로 매우 다른 분류군에 속한답니다.

척추동물의 종류

전 세계 수백만 종의 동물은 척추가 있는지 없는지에 따라 크게 두 핵심 그룹으로 분류할 수 있어요.
각 그룹은 또다시 더 세부적인 그룹으로 나뉜답니다.

말레이곰

뼈 구조물

두 가지 핵심 그룹 중 첫 번째는 바로 **척추동물**이에요. 이 그룹에 속한 동물은 모두 목에서부터 꼬리뼈까지 이어지는 **척추**(등뼈)를 등에 지니고 있지요. 척추는 신경 다발이 들어 있는 **척수**를 보호하고 생물체의 구조를 지지하는 역할을 하지요. 척추동물은 다시 다섯 가지 그룹으로 나눌 수 있어요.

포유류

포유류는 종의 수가 가장 적지만, 가장 다양한 그룹이랍니다. 사자와 돌고래, 곰과 토끼 그리고 우리 인간까지 모두 포유류에 속하지요! 포유류는 모두 온혈동물이며 몸에 털이 있어요. 돌고래와 고래도 수염을 가지고 있답니다. 포유류는 보통 배 속에서 키운 새끼를 낳고, 새끼가 태어나면 젖을 먹이지요.

파충류

파충류는 냉혈동물이라 햇빛으로부터 온기를 얻거나 근육에서 열을 만들어요. 너무 뜨거워지면 그늘을 찾아가지요. 파충류는 대부분 알을 낳지만, 어떤 뱀은 새끼를 낳기도 해요. 모든 파충류는 건조한 비늘이나 딱딱한 등딱지를 지니고 있어요. 어떤 파충류는 네 개의 다리를 가지고 있지만, 어떤 파충류는 아예 다리가 없어요. 파충류에 속하는 동물로는 거북이, 카멜레온, 뱀, 악어 등이 있답니다.

카멜레온

조류

금강앵무

조류(새)는 1억 5천만 년 전쯤 살았던 파충류인 작고 깃털이 달린 공룡으로부터 진화했어요. 조류는 깃털과 날개를 가지고 있지요. 조류는 대부분 날 수 있지만, 어떤 새는 날개를 헤엄치거나 균형을 잡는 용도로 사용해요. 조류는 온혈동물이며 껍질이 단단한 알을 낳아요. 조류에는 참새, 독수리, 앵무새, 펭귄, 키가 큰 타조 등이 있지요.

두꺼비

양서류

양서류는 육지와 물에서 살아요. 대부분 네 개의 다리를 가지고 걷거나 수영을 하지요. 양서류는 대부분 물속에서 유생이라고 하는 특별한 형태로 삶을 시작해요. 유생은 아가미를 이용해 물속에 들어 있는 산소를 섭취하지요. 양서류가 다 자라면 허파와 다리가 만들어져서 육지에서 살아갈 수 있어요. 양서류는 냉혈동물이며, 축축한 피부를 지니고 있고, 껍질이 부드러운 알을 낳아요. 양서류에 속하는 동물로는 개구리, 두꺼비, 도롱뇽 등을 들 수 있어요.

흰동가리

어류

마지막으로, 척추동물 중 가장 큰 그룹이랍니다! **어류**(물고기)는 척추를 갖게 된 최초의 동물이에요. 현재 전 세계 곳곳에서 3만 종이 넘는 어류가 살고 있지요. 어류는 물에서 살아가며 아가미를 통해 산소를 얻어요. 거의 모든 어류에는 비늘이 있어요. 어류는 대부분 껍질이 부드러운 알을 낳지만, 상어 같은 일부 어류는 새끼를 낳기도 해요. 어류에는 금붕어, 흰동가리, 장어, 백상아리 등이 있답니다.

53

무척추동물의 세계

지구에서 살아가는 전체 동물 중 약 97%는 무척추동물이에요. 무척추동물은 척추가 없는 대신 부드러운 몸체를 지니고 있거나 딱딱한 껍질을 가지고 있지요. 무척추동물은 30개 이상의 그룹으로 나뉘어요. 그중 일부를 소개할게요.

곤충류

곤충은 대단한 동물이랍니다. 우선 곤충은 지구상에서 가장 큰 동물 집단이에요. 처음으로 하늘을 난 동물도 곤충이지요. 곤충은 여섯 개의 다리, 세 부분으로 나뉜 몸, 한 쌍의 더듬이(감각기관) 그리고 단단한 **외골격**(몸의 겉면에 있는 뼈대)을 지니고 있으며, 대부분 날개를 가지고 있어요. 딱정벌레와 나비, 무자비한 사마귀 모두 곤충류에 속한답니다.

나비

갑각류

갑각류는 곤충류와 가까운 친척이에요. 갑각류는 딱딱한 껍질과 관절로 연결된 다리를 가지고 있어요. 대부분 물에서 살지만 쥐며느리 같은 일부 종은 땅에서도 살아요. 많은 갑각류가 무언가를 잡거나 자신을 보호하는 데 사용하는 집게발을 가지고 있어요. 작은 크릴새우부터 거대한 대게까지 모두 갑각류에 속하지요.

대게

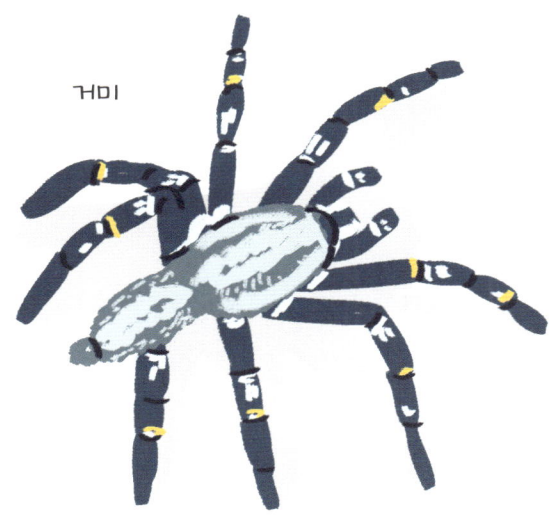
거미

문어

거미류

거미류는 대부분 두 부분으로 나뉜 몸과 여덟 개의 다리를 가지고 있어요. 이들은 육지나 물속에서 살지요. 거미류는 단단한 껍질을 지니고 있지만 곤충과 달리 더듬이나 날개는 없답니다. 거미류는 대부분 포식자예요. 여러 쌍의 눈으로 먹이를 찾아내지요. 거미류에 속하는 동물로는 진드기, 거미, 전갈 등이 있어요.

연체동물

연체동물은 크기와 모양이 매우 다양해요. 굴, 조개, 문어, 달팽이 그리고 대왕오징어까지 모두 연체동물에 속한답니다. 연체동물은 부드러운 몸을 지니고 있으며, 대부분은 보호 기능을 하는 단단한 껍질을 가지고 있어요. 주로 물속에서 기어 다니거나 헤엄치며 살아가요. 민달팽이 같은 연체동물은 뇌가 없지만, 문어 같은 연체동물은 꽤 큰 뇌를 가지고 있기도 해요. 문어는 바위와 조개껍질을 이용해 은신처를 만들어 포식자로부터 몸을 숨기거나 먹이를 사냥하기 위해 숨어서 주변을 살피기도 하지요.

말미잘

자포동물

자포동물은 물속에서만 만날 수 있어요. 자포동물은 생애 초기에 (움직이지 않는) 기둥 모양의 폴립 형태로 살아간답니다. 충분히 성숙해지면 어떤 자포동물은 몸의 모양을 바꾸어 헤엄을 칠 수 있게 되기도 해요. 모든 자포동물은 먹이를 잡거나 포식자를 공격하는 촉수를 지니고 있어요. 자포동물에 속한 동물로는 산호, 말미잘, 해파리 등이 있답니다.

생활사

식물이나 기타 생물들과 마찬가지로 모든 동물은
태어나고, 자라고, 새끼를 낳고, 늙고, 죽음에 이르는 생활사를 보내요.
새로 태어난 새끼가 자라서 또다시 새끼를 낳으며 생활사는 계속 이어지지요.

동물 생애의 다양성

어떤 동물은 알에서 깨어나고 어떤 동물은 새끼로 태어나요. 어떤 동물은 엄마 아빠와 비슷한 모습으로 태어나지만 어떤 동물은 자라는 동안 모습이 완전히 달라지기도 하지요. 동물들은 각자 고유한 생활사를 가지고 있어요.

새끼 사자 → 어린 사자 → 어른 사자

성장하기

포유류는 대부분 어미에게서 새끼로 태어나요. 포유류는 엄마 아빠와 비슷한 모습으로 태어나 나이를 먹을수록 점점 더 커진답니다. 어미는 새끼들이 스스로 먹이를 구할 수 있을 때까지 젖을 먹여요. 갓난아기는 아무것도 하지 못하고 매우 천천히 발달하기 때문에 인간은 다른 어떤 포유류보다 오랫동안 아기를 보살펴요. 대부분의 포유류는 인간보다 짧은 생활사를 나타내요. 예를 들어 사자는 태어난 지 열흘 만에 걷기 시작하고, 서너 살 때 이미 새끼를 낳을 수 있게 된답니다.

날개를 펼쳐라

많은 곤충이 갓 부화한 **유충**으로 삶을 시작해요. 작은 벌레처럼 생긴 유충은 먹이를 먹고 몸집을 불려요. 그러다가 바깥 껍질을 벗기도 하지요. 유충은 계속 자라나 마침내 번데기가 되어요. **번데기** 시기에 곤충은 고정된 고치나 껍데기 속에서 모습을 바꾸어 나가요. **변태**라고 부르는 이 과정을 통해 곤충은 성체의 모습으로 변신하게 된답니다.

알 → 애벌레(유충)

알

닭

부화

🐾 알을 깨고 세상으로

조류의 삶은 어미 새가 낳은 알 속에서 시작돼요. 어류, 양서류, 파충류도 마찬가지예요. 새들은 보통 알이 부화할 때까지 알을 품어서 따뜻하게 유지한답니다. 알 속에서 자라난 아기 새는 때가 되면 알을 깨고 세상으로 나오지요. 시간이 흐르면서 아기 새는 어른으로 성숙해 간답니다.

병아리

번데기

나비

동물의 번식

동물은 번식을 통해 종족을 보존해요. 어떤 동물은 생존을 보장하기 위해 한 번에 여러 마리의 새끼를 낳고, 어떤 동물은 한 번에 한 마리의 새끼만 낳아서 집중적으로 양육하지요. 동물은 저마다 고유한 방식으로 번식한답니다.

 ### 생명의 시작

동물은 대부분 **암컷**과 **수컷**의 **짝짓기**를 통해 번식해요. 양, 기린, 인간과 같은 포유류의 새끼는 **임신**한 엄마의 배 속에서 자라나요. 새끼는 엄마의 배 속에서 홀로 생존할 수 있을 만큼 성장한 후 세상 밖으로 나온답니다.

 ### 엄마의 주머니

포유류 중 한 그룹인 **유대류**는 발달이 충분히 진행되지 않은 어린 새끼를 낳아요. 대신 새끼가 태어나면 바로 엄마 몸의 주머니 속으로 들어가 홀로서기를 할 수 있을 때까지 성장과 발달을 계속하지요. 캥거루, 코알라, 웜뱃이 바로 이런 유대류에 속한답니다.

🌱 알은 소중해

파충류, 곤충류, 어류, 조류는 대부분 암컷이 **알**을 낳아요. 새끼는 안전한 알 속에서 성장과 발달을 진행한답니다. 조류는 보통 알을 돌보지만, 파충류는 스스로 성장하도록 알을 남겨 두고 가는 경우가 많아요. 어류는 수천 개가 넘는 젤리 같은 알을 물속에 낳은 후 헤엄쳐서 떠나기도 하지만, 몇몇 물고기는 새끼가 부화할 때까지 알을 돌보기도 해요. 예를 들어 후악치라는 물고기의 수컷은 암컷이 낳은 알을 새끼가 태어날 때까지 입속에 품고 있어요.

❓ 그냥 궁금해요
어떤 새끼 동물은 특수한 이빨을 이용해서 스스로 알을 깨고 나오기도 해요.

🌱 우리 달라요!

어떤 동물은 가까운 친척 동물들과 매우 다른 행동을 보이기도 해요. 오리너구리는 알을 낳는 유일한 포유류인 **단공류** 중 하나예요. 사실 부리, 물갈퀴가 달린 발, 털, 독침을 지닌 데다가 알까지 낳는 포유류인 단공류를 처음 발견한 과학자들은 매우 당황했답니다! 뱀 중에는 알을 낳는 종과 새끼를 낳는 종, 심지어 둘의 조합으로 알을 배 속에 품고 있다가 알에서 깨어난 새끼를 낳는 종까지 있답니다.

59

먹이사슬을 따라서

모든 동물은 먹이가 필요해요. 먹이가 없으면 에너지를 낼 수 없고, 에너지가 없으면 생존할 수가 없지요. 어떤 생물은 스스로 영양분을 만들 수 있지만, 동물은 그럴 수 없어서 먹이사슬에 따른 자신의 먹이를 찾아야만 해요.

먹이사슬 체계

61쪽에 소개된 것처럼 **먹이사슬**은 먹고 먹히는 생물들의 연쇄적인 관계랍니다. 모든 먹이사슬은 **생산자**로부터 시작돼요. 생산자는 식물처럼 스스로 양분을 만들어낼 수 있는 생물이에요. 반면 다른 생물을 먹어서 에너지를 얻는 생물은 **소비자**라고 불러요.

먹이사슬의 첫 번째 소비자를 **1차 소비자**라고 해요. 이들 중 식물만 먹는 동물은 **초식동물**이에요. 1차 소비자를 잡아먹는 동물은 **2차 소비자**이지요. 그다음으로 2차 소비자를 먹는 동물은 **3차 소비자**예요. 이들처럼 다른 동물을 잡아먹는 동물을 **육식동물**이라고 해요. 그중에는 식물과 동물을 모두 먹이로 삼는 **잡식동물**도 있어요.

에너지 피라미드

먹거나 먹히거나

자연에서 동물들은 생존을 위해 무슨 수를 써서든 먹을 것을 찾아야 해요. 많은 동물이 사냥을 통해 먹이를 확보하지요. 이들을 **포식자**라고 하며, 포식자에게 잡아먹히는 동물은 **먹이**라고 해요. 예를 들어 올빼미가 생쥐를 잡아먹는다면, 올빼미는 포식자이고 생쥐는 올빼미의 먹이가 되지요.

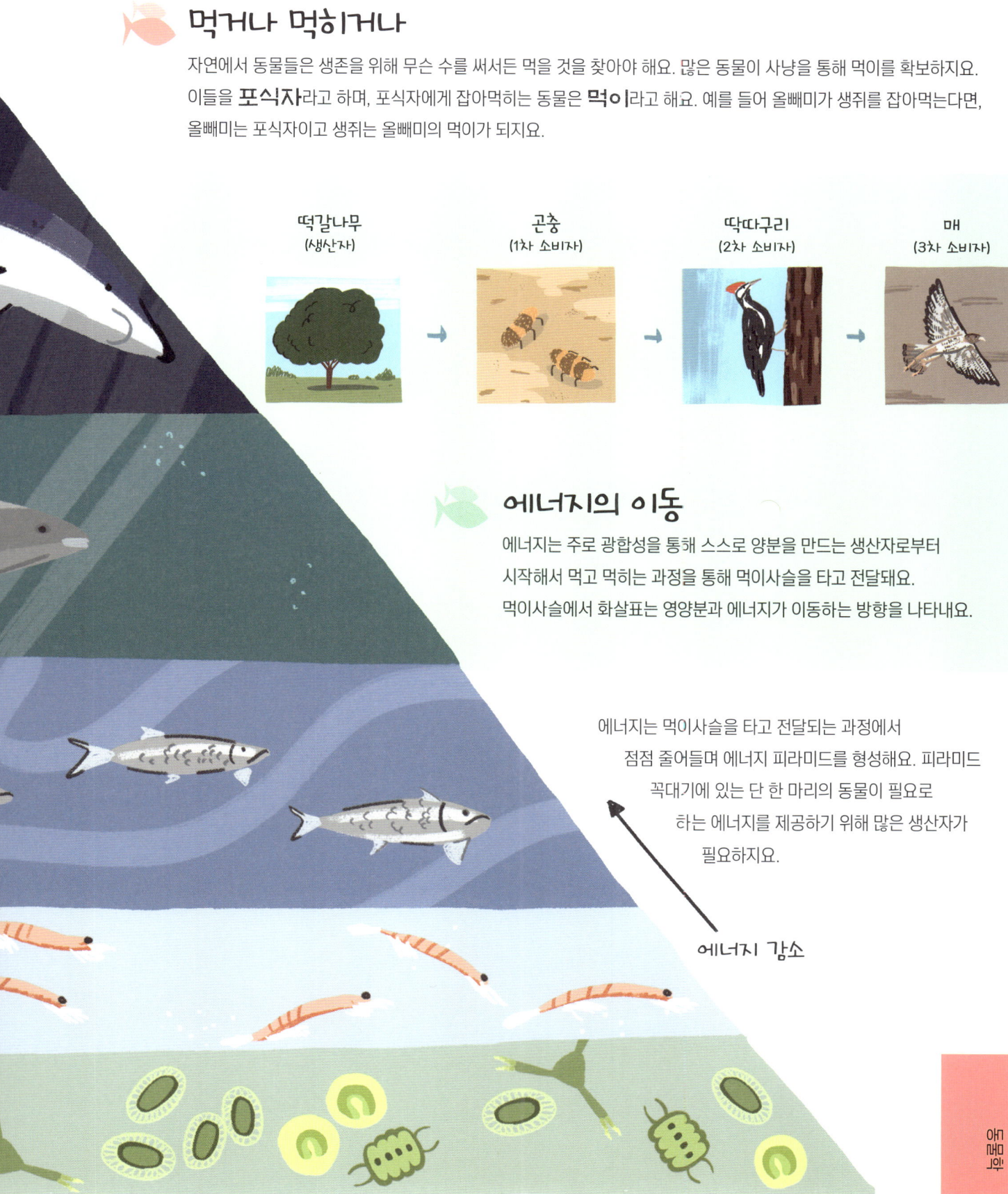

떡갈나무 (생산자) → 곤충 (1차 소비자) → 딱따구리 (2차 소비자) → 매 (3차 소비자)

에너지의 이동

에너지는 주로 광합성을 통해 스스로 양분을 만드는 생산자로부터 시작해서 먹고 먹히는 과정을 통해 먹이사슬을 타고 전달돼요. 먹이사슬에서 화살표는 영양분과 에너지가 이동하는 방향을 나타내요.

에너지는 먹이사슬을 타고 전달되는 과정에서 점점 줄어들며 에너지 피라미드를 형성해요. 피라미드 꼭대기에 있는 단 한 마리의 동물이 필요로 하는 에너지를 제공하기 위해 많은 생산자가 필요하지요.

에너지 감소

동물들의 식사 시간

동물들은 먹이로부터 양분과 에너지를 얻은 다음 나머지 불필요한 성분은 배출해요.
동물마다 다른 먹이를 먹으며, 그에 걸맞은 소화 기관을 갖고 있어요.

먹고 싸요

동물은 대부분 입으로 음식을 먹어요. 몸을 통과하는 음식으로부터 에너지를 흡수하는 과정을 **소화**라고 해요. 음식 중에서 쓸모없는 부분은 몸 밖으로 배출되지요.

인간 그리고 개와 코뿔소 같은 여러 포유동물은 하나의 소화 기관을 가진 **단위동물**이에요. 이는 위가 한 개인 동물이라는 뜻이지요. 단위동물은 많은 에너지를 품고 있는 단단한 음식을 먹을 수 있어요. 반면 소와 기린 같은 일부 포유동물은 네 개의 방으로 나뉜 위를 가지고 있어요. 이는 **반추동물**의 소화 기관이에요. 첫 번째와 두 번째 위에서는 에너지가 적게 담긴 식물성 물질이 고체와 액체로 나뉜 후, 고체는 다시 입으로 올라가 씹히게 돼요. 나머지 두 개의 위에서는 박테리아와 같은 미생물들이 거친 물질로부터 최대한 많은 에너지를 얻을 수 있도록 분해하여 소화에 도움을 주지요. 이런 형태의 반추위는 고에너지 음식과 단백질을 소화하는 데 필요하지 않아요.

🐦 이빨이 없어도

닭이나 플라밍고와 같은 새들은 일반적인 조류의 소화 기관과는 또 다른 소화 기관을 가지고 있어요. 이들에겐 이빨이 없는 대신 부리가 있어서 음식을 쪼아 먹을 수 있지요. 일부는 작은 조약돌이나 모래를 함께 먹어서 음식이 잘 갈리게끔 하기도 해요. 이들의 위는 사람의 위와 비슷한 부분과 **모래주머니**라고 하는 두 부분으로 이루어져 있어요. 모래주머니는 음식으로부터 영양분을 흡수하기 전에 조약돌이나 모래로 음식을 잘게 갈 수 있는 근육성 **기관**이에요.

🐦 이빨의 형태

초식동물과 육식동물은 이빨 모양이 매우 달라요. 초식동물은 **뭉뚝하고 둥글둥글한** 이빨로 식물을 질겅질겅 씹지요. 반면 육식동물은 매우 **날카롭고 뾰족한** 이빨을 가지고 있어서 고기를 잘 자르고 찢을 수 있어요. 상어는 무려 3천 개에 달하는 이빨을 여러 줄로 가지고 있어서 빠진 이빨을 금방 대체할 수 있어요. 그중 일부 이빨은 안쪽을 향해 있어서 입속에 들어온 먹이가 바깥으로 빠져나가지 못하게 하지요.

❓ 그냥 궁금해요

플라밍고는 복슬복슬한 하얀색 깃털을 가지고 태어나지만, 분홍색 새우와 조류를 먹고 자라면서 깃털이 점점 분홍색으로 변한답니다!

골격의 진화

골격은 몸을 지지하고 보호하는 뼈와 연골로 이루어진 생물의 뼈대예요.
골격은 동물의 몸 안에 있을 수도 있고 몸 바깥에 있을 수도 있어요.
아예 골격이 없는 동물도 있답니다!

몸 안의 골격

인간, 말, 개구리, 물고기와 같은 모든 척추동물은 몸 안에 골격이 있어요. 이를 **내골격**이라고 부르며 몸을 지탱해 주고 몸속의 장기를 보호하지요. 생물이 자라면 내골격도 함께 자라요. 인간의 골격은 200개가 넘는 뼈로 이루어져 있어요. 뱀은 최대 600개의 뼈를 가지고 있답니다!

몸 밖의 골격

대부분의 무척추동물은 몸 바깥에 골격을 가지고 있어요. 이를 **외골격**이라고 불러요. 게, 가재, 거미와 같은 무척추동물의 외골격은 단단한 외부 구조를 만들고 몸을 보호해요. 무척추동물은 성장 과정에서 탈피를 통해 오래된 외골격을 벗고 새로운 외골격을 장착하지요. 메뚜기는 일생 동안 다섯 개 정도의 외골격을 입는답니다.

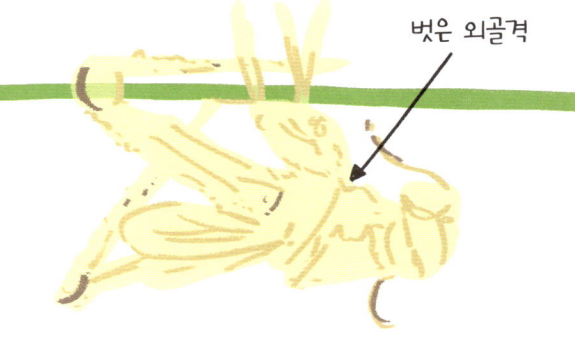

벗은 외골격

조개나 달팽이와 같은 일부 연체동물은 외골격 대신 딱딱한 **껍데기**를 가지고 있어요. 껍데기는 이들의 부드러운 몸을 보호하고 위협을 피해 몸을 숨길 곳을 제공하지요. 연체동물이 자라면서 껍데기도 함께 자라나요.

껍데기

내골격

골격이 없어도

골격이 아예 없는 동물도 있어요. 해파리나 선충 같은 무척추동물이 이에 해당하지요. 이들은 대신 유체골격을 지니고 있어요. 몸속의 유체가 이들의 형태를 유지하고 움직일 수 있게 도와주지요.

찰스 다윈

찰스 다윈은 1809년 영국에서 태어났어요. 그는 평생 동물, 식물 그리고 암석을 연구했지요. 그는 많은 생물과 이들의 **진화**(생명체가 시간이 지남에 따라 변하는 방식)를 관찰했는데, 그중 하나가 바로 골격의 진화였어요. 다윈은 개, 인간, 돌고래에 이르기까지 네 개의 팔다리를 가진 모든 동물의 팔다리뼈 구조가 똑같다는 사실을 발견했어요. 이를 통해 그는 네발 달린 동물은 모두 수억 년 전의 **공동 조상**으로부터 진화했다는 결론을 내릴 수 있었어요. 덕분에 우리는 티라노사우루스와 우리가 친척이라고 말할 수 있게 되었지요!

생존 투쟁

모든 동물은 생존하기 위해 애쓰지요. 동물들은 먹이를 찾고 포식자로부터 도망치기 위한 저마다의 특별한 기술과 비법을 가지고 있어요.

생존

모든 생명체에게는 생존하려는 욕구가 있답니다. 인간은 생존하기 위해 먹고, 안전을 확보하고, 안식처를 구해요. 야생 동물의 세계에서 동물들은 자기 자신과 새끼들의 생명을 보존하기 위해 생존 투쟁을 펼쳐요. 도전적인 야생에서의 삶을 이어 가기 위해 **공격적인** 동물들은 강력한 사냥 기술에 집중한답니다. 반면 **방어적인** 동물들은 자신을 보호하거나 숨기는 생존 전략을 펼치지요. 대부분은 공격과 방어 전략을 모두 활용해야 해요.

방어 전략

위협에 처한 동물은 자신을 잘 보호해야 해요. 많은 동물이 공격자를 겁먹게 만들어 싸움을 피하는 전략을 택해요. 큰아르마딜로라는 동물은 뒷다리로 벌떡 일어서서 덩치가 크고 위협적으로 보이려고 하지요. 또 다른 동물은 몸을 부풀어 오르게 하거나, 깃털을 부풀리거나, 귀를 넓게 펼치지요. 목도리도마뱀은 목도리 같은 커다란 비늘막을 펼쳐 겁을 준답니다. 버지니아주머니쥐는 정반대의 전략을 이용해요. 이들은 위험에 빠지면 죽은 척을 하지요. 포식자는 대부분 썩은 고기를 먹고 싶어 하지 않기 때문에 죽은 동물을 피한다는 사실을 이용하는 거예요.

무시무시한 독

독성이 있는 액체인 독은 공격과 방어에 모두 사용할 수 있어요. 독을 만들어 피부로 뿜어내는 황금독화살개구리는 가장 독성이 강한 동물로 손꼽히지요. 이 개구리의 황금빛 피부는 위험한 독성이 있으니 먹지 말라는 경고로 받아들여져요. 반면 방울뱀은 먹이를 잡는 데 독을 이용해요. 방울뱀에게 물린 먹이는 방울뱀의 송곳니에서 나온 독 때문에 움직일 수 없게 되어 잡아먹히는 운명에 처하게 되지요.

황금독화살개구리

뾰족뾰족해져요

어떤 동물은 독침까지는 아니지만 경고 신호를 줄 수 있는 뾰족뾰족한 가시를 지니고 있어요. 예를 들어 호저라는 동물은 위협을 받았을 때 뻣뻣하고 날카로운 가시를 곤두세우지요. 공격자가 경고를 무시하고 가까이 다가오면 호저는 가시를 발사해요. 아야! 호저는 발사한 가시를 대신할 새로운 가시를 만들 수 있답니다.

고약한 냄새

고약한 냄새로 공격자를 쫓아내는 동물도 있어요. 스컹크는 꼬리 밑에서 지독한 냄새가 나는 액체를 방출해 4미터 떨어진 공격자에게까지 뿜을 수 있어요.

스컹크

 ## 숨바꼭질

많은 야생 동물이 **위장** 전략을 사용해요. 이들은 자신의 몸이 주변 환경과 비슷하게 보이도록 **진화**했지요. 카멜레온은 엄청난 위장 능력을 지닌 동물로 유명해요. 주변의 나뭇잎과 꽃 색에 따라 몸의 색깔을 자유자재로 바꾸지요. 어떤 동물은 계절에 따라 몸을 바꾸기도 해요. 북극토끼는 여름철에는 바위 사이에 몸을 숨길 수 있도록 갈색의 털을, 겨울철에는 눈밭에서 몸을 숨기기 위해 하얀색 털을 입지요.

북극토끼

67

4장
생태학: 서식지에서 함께 살아가기

지구에는 다양한 기후와 지형이 존재해요. 추운 얼음 나라인 극지방도 있고, 일 년 내내 뜨거운 적도지방도 있지요. 남북극에서 적도까지, 산꼭대기에서 사막에 이르기까지, 생명체들은 안식처를 만들어 살아가고 있어요. 생물들은 오랜 시간에 걸쳐 자신이 처한 온도 조건과 지형에 적응해 왔어요.

생태학은 생명체와 생명체, 그리고 생명체와 환경 사이의 관계를 탐구하는 학문이에요. 생물들은 어디서 살아가는지, **기후**에 의해 어떤 영향을 받는지, 같은 공간에서 살아가는 다른 생물들과 어떻게 상호작용하는지, 인간이 생물의 삶에 어떤 영향을 주는지 등을 탐구해요. 이 장을 읽으면서 여러분이 사는 곳 주변의 골목이나 농경지를 서식지 삼아 살아가는 생물들에 대해 생각해 보면 좋겠어요.

 # 전 세계의 서식지

서식지는 동식물이나 기타 생물들이 집을 만들고 살아가는 장소예요.
생물은 각자의 서식지에서 먹을 것과 쉴 곳을 찾지요.
서식지는 사막에서 연못까지, 썩은 통나무에서 열대우림까지 매우 다양하답니다.

집이 최고야

생물들은 각자의 서식지에 적응해 살아가요. 서식지에서 먹이와 안식처, 적당한 양의 햇빛과 물을 얻지요.

아프리카코끼리는 아프리카의 사바나 초원과 숲 서식지를 왔다 갔다 해요. 코끼리의 몸은 그곳에 있는 풀과 이파리, 나무껍질을 먹기에 적합하고, 우기와 건기가 번갈아 진행되는 기후에도 적합하지요. 기후는 어떤 지역에서 나타나는 장기적인 날씨 패턴을 말해요. 건기 동안 코끼리는 상아를 이용하여 강바닥을 파서 물구멍을 뚫지요. 코끼리는 서식지를 공유하는 다른 생물들과 **상호작용**도 해요. 코끼리의 똥은 식물의 씨앗을 퍼트리고, 쇠똥구리는 그 안에 알을 낳는답니다!

기후의 힘

서식지에서 먹을거리와 쉴 곳을 제공하는 나무와 풀은 기후와 **환경** 조건에 큰 영향을 받아요. 기후가 변하게 되면 먹이와 쉴 곳을 구하기가 더 어려워질 수 있지요. 질병, 자연재해, 인간의 활동 또한 생물들이 사용하는 자원에 영향을 줘요. 만약 서식지가 너무 많이, 혹은 너무 빨리 변하게 되면 생물들은 새로운 서식지를 찾아야 할 수도 있어요.

집처럼 편안해!

물의 순환

서식지마다 일조량과 강수량이 달라요. 열대우림처럼 비가 많이 오는 지역에서는 아주 많은 동물과 식물이 살아가지요. 반면 건조한 사막에서는 물이 부족한 조건에 적응한 소수의 생물만이 살아가요. 지구상에서 물은 순환 과정을 통해 끊임없이 이동하고 재활용된답니다.

1. 태양은 호수, 강, 바다의 물을 **증발**시켜요. 물은 수증기가 되어 공기 중으로 올라가요.

2. 하늘로 올라간 수증기는 차가워지면서 **응축**하여 작은 물방울들이 되어 구름을 이루어요.

3. 구름 속의 물방울들이 커지고 무거워지면 비나 눈이 되어 땅으로 떨어져요. 이를 **강수**라고 하지요.

4. 비는 땅과 강을 통해 다시 바다로 흘러가요. 이렇게 **수거**된 물은 다시 순환을 시작하지요.

 생물군계

사막에서 초원까지, 바다에서 숲까지, 지구에는 다양한 **생물군계**가 있어요.
생물군계는 특정 지역과 기후에 적응한 거대한 생물군집을 일컫는 말이에요.

아름다운 생물군계

비슷한 생물군계가 전 세계 곳곳에서 발견돼요. 예를 들어 온대림 생물군계는 유럽과 북아메리카 등 여러 곳에서 발견되지요. 하나의 생물군계는 다양한 서식지를 포함할 수 있어요. 온대림에서는 낙엽과 나뭇가지가 서식지로 이용되지요.

과학자에 따라 지구는 다섯 개에서 스무 개 사이의 생물군계로 분류되어요. 그중 몇 가지 공통된 생물군계를 소개할게요.

다양한 생물군계

한대 생물군계: 몹시 춥고 미끄러운 얼음으로 뒤덮인 극지방에서 살아갈 수 있는 생물은 많지 않아요. 사실 극지방에 사는 몇몇 동물들도 추운 겨울에는 더 따뜻한 곳으로 이동하기도 한답니다. 반면 펭귄이나 북극곰처럼 지구 양쪽 끝의 극한 조건에서 일 년 내내 번성하며 살아가는 동물들도 있어요.

열대림: 덥고 습한 열대림은 지구에서 가장 다양한 생물을 품고 있는 생물군계예요. 나무는 햇빛을 받기 위해 하늘 높이 가지와 잎을 뻗어 캐노피(나뭇가지들이 지붕 모양으로 우거진 상태)라는 덮개를 만들지요. 캐노피 위에는 환한 서식지가, 캐노피 아래에는 그늘진 서식지가 만들어져요. 열대우림에는 동물과 식물, 균류가 와글거리며 살아가고 있어요.

온대림: 온대림 생물군계는 잎이 넓고 평평한 활엽수와 바늘 같은 잎을 지닌 침엽수로 가득 차 있어요. 온대림 지역에는 사계절이 있어요. 계절이 지나는 동안 활엽수의 잎은 피어나고, 자라고, 단풍이 들고, 낙엽이 되지요. 많은 동물이 나무들이 주는 씨앗, 견과, 이파리, 열매를 먹고 살아가요.

산악지역: 산속에는 여러 서식지가 있어요. 삼림 지대를 품고 있는 골짜기와 상록수로 뒤덮인 산등성이, 춥고 바람 부는 높은 산꼭대기는 서로 다른 서식지를 제공하지요. 매우 높은 산꼭대기에선 소수의 식물만 생존할 수 있어요. 이끼처럼 땅에 낮게 깔려 자라는 식물들이지요.

사막: 가장 건조한 생물군계인 사막에는 선인장처럼 오랫동안 물을 저장할 수 있는 특별한 능력을 지닌 동식물이 살고 있어요. 사막은 적도와의 거리에 따라 뜨거울 수도 있고, 차가울 수도 있지요. 뜨거운 사막에서 동물들은 바위 밑이나 땅속의 굴에서 한낮의 열기를 피했다가, 선선한 밤이 되면 활발히 활동을 시작해요.

초원: 초원은 강우량이 사막보다는 많지만 숲보다는 적어요. 초원은 대부분 풀로 뒤덮여 있어요. 풀은 키가 큰 나무보다는 물이 적게 필요해요. 풀은 초식동물에게 좋은 먹이가 되고, 초식동물은 사자와 같은 육식동물에게 아주 좋은 먹잇감이 되지요. 세계 곳곳에서 발견되는 초원은 사바나, 프레리, 팜파스 등의 다양한 이름으로 불린답니다.

수상 생물군계: 생물군계는 지구의 3분의 2를 뒤덮고 있는 물속에서도 발견돼요. 수상 생물군계는 담수와 해수 모두에 존재하지요. 대양에는 작은 플랑크톤부터 거대한 고래에 이르기까지, 최소 100만 종의 동물이 살아가고 있어요. 대양 생물군계에는 햇빛이 쏟아지는 산호초부터 어두운 해저까지, 다양한 서식지가 존재한답니다.

함께 살아요

어떤 생명체도 혼자서는 살 수 없어요. 생물군집이 번성하기 위해서는 전체 동식물과 다양한 무생물이 함께 팀을 이뤄야 해요.

바위 사이의 웅덩이 생태계

생태계

서식지 안에서 이뤄지는 생물 간, 그리고 생물과 무생물 간의 상호작용 전체를 **생태계**라고 불러요. 에너지와 영양분, 기타 다양한 물질들이 생태계 안에서 순환하지요. 생태계를 이루는 요소들은 **완벽한 균형**을 이루어야 해요. 생태계는 통나무, 바위 사이의 웅덩이, 거대한 숲에서 모두 발견되지요. 동물부터 이산화탄소에 이르기까지 생태계를 이루는 요소들은 서로 영향을 준답니다.

나무를 둘러싼 팀워크

생태계를 이루는 모든 생물은 각자의 서식지가 있어요. 하지만 이들은 혼자서는 살 수 없으며 함께 군집을 이루는 다른 생물들과 **상호작용**을 해요. 예를 들어 나무에 사는 곤충은 이파리를 먹이로 삼고, 새들은 나뭇가지를 안식처로 삼지요.

자연의 재활용

공기, 물, 토양 같은 자원들은 생물과 함께 생태계를 이루어요. 영양분, 에너지, 물 등의 핵심 요소들은 끊임없이 **재활용**되어 생물군집을 지탱하지요. 예를 들어 동물이 죽으면 몸이 분해되어 흙으로 돌아가면서 식물에 영양분을 전달한답니다.

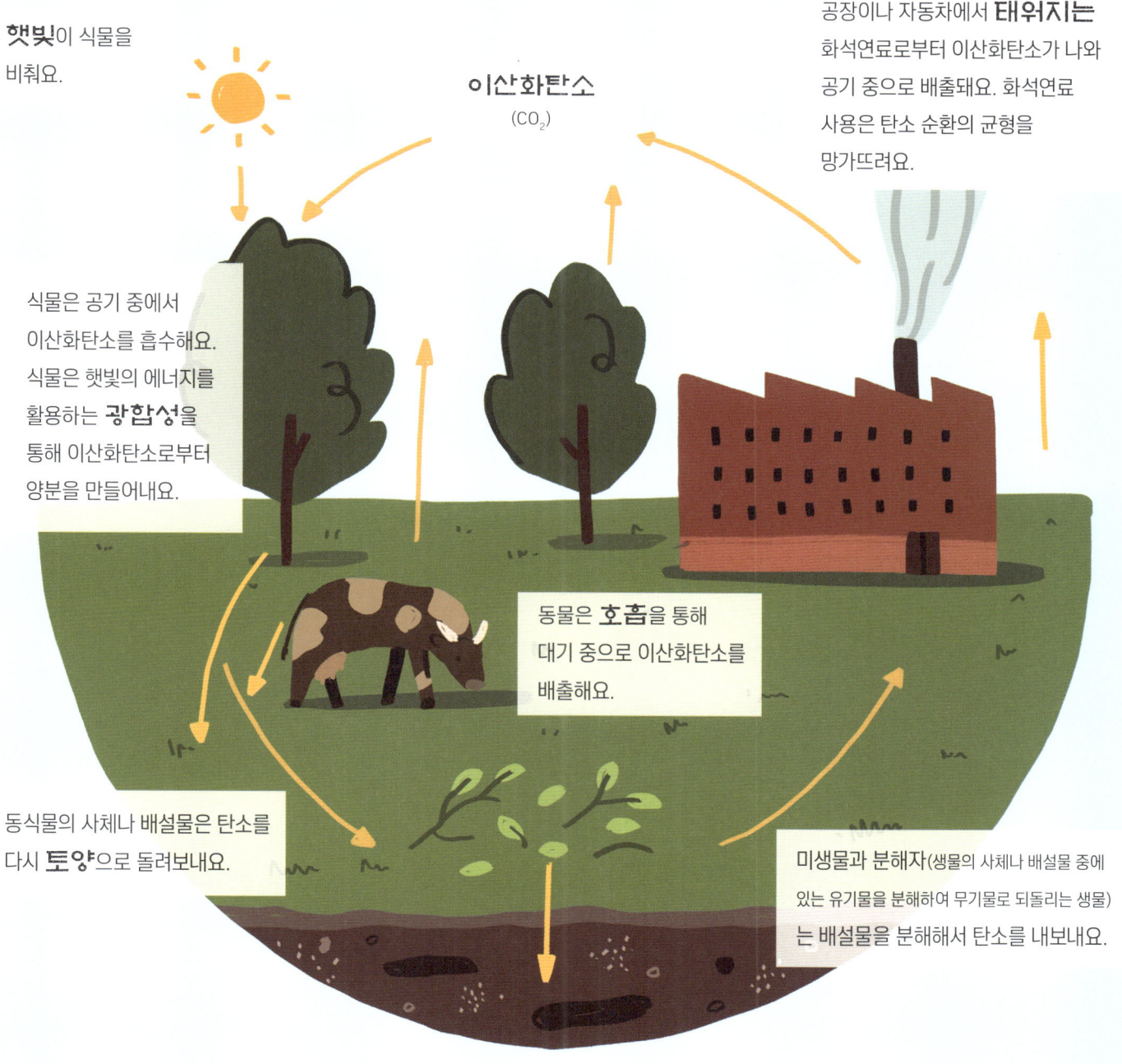

탄소 순환

탄소는 모든 생태계의 핵심 요소 중 하나예요. 탄소는 식물과 동물, 공기를 통해 끊임없이 **재활용**되며 지구상의 생명체를 지탱하지요. **탄소 순환**은 자연적으로 균형을 이루고 있지만, 인간의 화석연료 사용 때문에 그 균형이 무너지고 있어요.

생명체의 다양성

생명체는 지구의 구석구석에서 발견돼요. 어떤 곳에서는 다른 곳들보다 더 다양한 생명체들이 살아가고 있어요. 생물다양성은 지구를 오랫동안 보존하기 위해 고려해야 하는 중요한 요소랍니다.

 ### 생명체의 범위

생물다양성은 특정 지역에 살고 있는 생명체의 다양성을 뜻해요. 예컨대 비가 많이 내리는 따뜻한 열대우림은 다양한 종류의 많은 생물을 먹여 살릴 수 있어요. 그래서 열대우림은 동식물의 생물다양성이 높은 곳이지요. 반대로 소수의 종만 생존할 수 있는 열악한 환경인 극지방은 생물다양성이 낮아요. 생물다양성이 높은 지역일수록 더 **안정적**이어서 생태계의 변화를 더 잘 견딜 수 있답니다.

 ### 비옥한 열대우림

아마존 열대우림에는 곤충, 파충류, 조류, 식물 등 수백만 종의 생명체가 살고 있어요. 지구상에서 생물다양성이 가장 높은 장소 중 하나이지요.

 ### 그냥 궁금해요

열대우림에서는 나무와 이파리가 빽빽하게 자라 있어서 빗물이 땅으로 내려오는 데 10분이 걸리기도 해요.

돌출층

숲의 가장 꼭대기에선 무려 60미터까지 자라는 키다리 나무들을 만날 수 있어요. 돌출층은 햇빛을 가장 많이 받는 층이랍니다. 이곳에서 햇빛을 즐기는 나비와 날아다니는 새를 만날 수 있지요.

캐노피

나무늘보, 원숭이, 큰부리새, 청개구리 등 열대우림의 동물 대부분이 나무의 맨 꼭대기 층인 빽빽한 캐노피 위에서 살아가고 있어요. 이런 동물들은 생존하는 데 필요한 모든 것을 나무로부터 얻을 수 있기 때문에 숲 바닥으로 내려가는 일이 거의 없어요.

하층부

캐노피 아래는 햇빛이 잘 들지 않아요. 하층부에서는 큰 이파리를 가진 관목과 덤불이 박쥐부터 뱀에 이르기까지 다양한 동물에게 안식처를 제공하고 있지요.

숲 바닥

열대우림의 밑바닥에는 아주 적은 양의 햇빛만 도달해요. 어둡고 습한 숲 바닥에선 곤충, 거미, 개미핥기 같은 동물들이 먹이를 찾고 집을 구하지요.

생명의 그물

모든 서식지에서는 여러 생물들이 서로 부대끼며 살아가고 있어요.
동물은 스스로 먹이를 만들 수 없기에 다른 생물을 먹고 살아야 하지요.
동물들의 삶은 서로 연결되어 있어요.

 ## 먹이그물

먹이사슬은 동물과 식물이 서로 먹고 먹히는 일련의 관계예요. 생산자에서부터 맨 꼭대기의 최종 소비자에 이르기까지 먹이사슬을 통해 영양분과 에너지가 전달돼요. 예를 들어 북극곰의 먹이사슬은 다음과 같아요.

플랑크톤 → 새우 → 물개 → 북극곰

먹이그물은 다양한 먹이사슬이 하나의 생태계 안에서 어떻게 함께 연결되는지를 나타내요. 하나의 생물이 여러 먹이사슬에 포함되기도 한답니다. 먹이그물은 이런 상호관계를 모두 보여 주지요.

오른쪽에 그려진 북극의 먹이그물은 위에서 소개한 북극곰의 먹이사슬뿐만 아니라 그것과 연결된 다른 먹이사슬도 포함하고 있어요. 이를 통해 우리는 범고래와 북극곰 둘 다 물개를 먹이로 삼는다는 것을 알 수 있어요. 이 먹이그물에서 북극곰과 범고래는 모두 먹이사슬의 꼭대기에 있는 **최상위 포식자**예요. 이들은 너무 어려 연약하거나, 아프거나, 이미 죽지 않은 이상 다른 동물에게 잡아먹히지 않아요.

이어진 삶

먹이그물을 이루는 다양한 먹이사슬은 밀접하게 연결되어 있어요. 그렇다면 그중 한 먹이사슬에 변화가 생기면 무슨 일이 일어날까요? 만약 플랑크톤이 사라진다면 전체 먹이그물이 망가질 수 있어요. 대구와 새우는 먹을 게 없어서 다른 서식지를 찾아 나서야 하거나 죽게 될 거예요. 그리고 대구와 새우가 줄어들면 그 위의 포식자 동물들도 굶주리게 될 거예요. 모든 먹이사슬은 위태로운 균형을 유지하고 있답니다.

북극 제비갈매기

북극곰

물개

범고래

? 그냥 궁금해요

북극곰은 최대 1킬로미터 떨어진 곳에 있는 먹이의 냄새까지 맡을 수 있어요. 북극곰의 후각은 얼음 밑 바닷속에 있는 물개의 냄새를 포착할 정도랍니다!

환경의 변화

고대 철학자 헤라클레이토스는 "우주에서 변하지 않는 유일한 한 가지는 모든 것은 변한다는 사실뿐이다."라고 말했어요. 생물이 살아가는 환경 또한 항상 변화해요. 어떤 변화는 매우 빠르게 일어나고, 어떤 변화는 지구의 오랜 역사에 걸쳐 느리게 일어나기도 하지요.

균형 유지하기

생태계는 다양한 생물종과 무생물 자원이 섬세하게 연결된 그물망이에요. 생물들은 상호작용하고 서로 의존하지요. 생태계에서 생물들이 삶을 이어 나가려면 충분한 자원이 공급되어야 해요. 만약 자원이 부족하거나 갑자기 사라진다면 전체 생태계가 무너질 수 있어요.

핵심종

어떤 종들은 전체 생태계의 생존을 위해 반드시 있어야 하는 존재예요. 이들을 **핵심종**이라고 부르지요. 핵심종이 없으면 생태계는 급변하거나 몰락할 수 있어요. 예를 들어 상어 같은 포식자가 핵심종이 될 수 있어요.

상어가 작은 물고기를 먹지 않는다면, 작은 물고기들이 모든 해조류를 다 먹어치워 버릴 수도 있어요.

비버처럼 **생태 공학자** 역할을 하는 생물도 핵심종이 될 수 있어요. 삼림 지대의 죽은 나무를 이용해 댐을 만드는 비버는 새로운 나무가 자라날 공간을 확보해 주고, 그들이 만든 댐은 다른 동식물을 위한 새로운 습지가 되지요. 비버가 없다면 많은 동물이 집을 갖지 못할 거예요.

바쁜 비버!

자연재해

자연재해는 자연현상으로 일어나는 거대한 재앙이에요. 자연재해는 사람과 동식물 모두에게 큰 피해를 줄 수 있어요.

화산활동은 서식지 전체를 휩쓸어 버릴 수 있어요. 시간이 지나 파괴된 서식지가 안정을 되찾게 되면 열악한 환경에서 생존할 수 있는 새로운 종들이 유입되어 새로운 서식지를 만들기 시작해요. 또다시 화산이 폭발하지 않는다면 150년 안에 새로운 숲이 만들어질 수 있어요.

산불은 빠르게 번져 지나간 자리를 잿더미로 만들어요. 건조하고 뜨거운 날씨에 번개까지 치면 저절로 산불이 일어날 수 있지요. 산불은 일단 시작되면 시속 20킬로미터 이상의 속도로 번질 수 있어요. 질주하는 황소만큼이나 빠른 속도이지요. 그런 산불을 피하지 못하는 동물도 있지만 탈출에 성공하는 동물도 있어요. 예컨대 호주에서 큰 산불이 일어났을 때, 많은 코알라가 사람이 사는 도시로 탈출한 적이 있었지요. 숲은 결국에는 다시 자라서 새로운 생명을 품게 된답니다.

쓰나미는 육지를 물바다로 만들 수 있는 거대한 파도예요. 지진이나 화산 폭발로 발생하는 쓰나미는 해변을 쑥대밭으로 만들어 버리지요. 쓰나미는 수중 생태계에도 영향을 미쳐요. 만약 쓰나미로 인해 산호초 생태계가 교란되면 그곳에 사는 물고기들과 그 물고기를 먹는 상어의 삶에도 변화가 생기게 되지요.

변화하는 기후

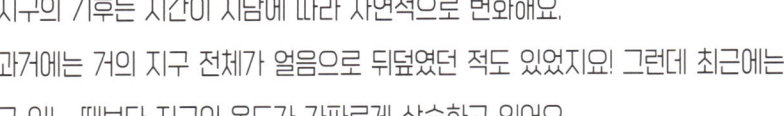

지구의 기후는 시간이 지남에 따라 자연적으로 변화해요. 과거에는 거의 지구 전체가 얼음으로 뒤덮였던 적도 있었지요! 그런데 최근에는 그 어느 때보다 지구의 온도가 가파르게 상승하고 있어요.

기후 변화

지구의 온도가 올라가는 과정을 **기후 변화** 또는 지구 온난화라고 해요. 과학자들은 지난 140년간 지구의 평균 기온이 섭씨 1도 상승했다고 추정해요. 이는 큰 변화가 아닌 것처럼 들릴 수도 있지만, 전 세계 생물들과 그들의 서식지에 매우 큰 영향을 줄 수 있어요.

원인

지구의 기후는 항상 변화해 왔어요. 하지만 최근 그 변화 속도가 더욱 빨라진 이유는 바로 우리 인간 때문이에요. 인간이 도시를 확장하려고 땅을 파괴하고 점점 더 많은 화석연료를 사용할수록 지구는 더 고통받게 되지요.

화석연료: 우리가 석유와 석탄 같은 화석연료를 사용할 때마다 대기 중으로 이산화탄소가 배출돼요. 이산화탄소는 마치 지구를 감싼 담요처럼 작용해 태양열을 가두어 지구를 따뜻하게 만드는 **온실효과**를 일으켜요.

이산화탄소: 탄소는 생명체를 이루는 핵심 원소예요. 생태계에서 탄소는 섬세한 탄소 순환을 통해 적당한 양만큼만 대기 중에 존재한답니다. 하지만 최근 들어 대기에서 흡수되는 이산화탄소보다 대기로 배출되는 이산화탄소의 양이 더 많아졌어요. 이산화탄소는 강력한 온실가스예요. 게다가 인간은 이산화탄소를 흡수하는 역할을 하는 숲까지 베어내고 있어요.

농업: 축산업 또한 지구 기후 변화의 한 요인이에요. 예를 들어 소는 풀을 먹고 입이나 항문으로 또 다른 **온실가스**인 **메탄**(메테인)을 내뿜지요. 전 세계 15억 마리의 소에서 배출되는 메탄가스는 대기에 심각한 영향을 미치고 있답니다!

 영향

지구 온난화는 어떤 생물에게는 적응할 수 없을 만큼 빠른 속도로 진행되고 있어요. 기온 상승은 날씨 변화를 일으켜 야생 생물들의 삶에 영향을 미치기도 해요.

날씨: 전 세계가 점점 더 더워지면서 날씨 또한 더 극단적으로 변해 가고 예측하기도 어려워지고 있어요. 어떤 지역에서는 폭우와 홍수가 빈번하게 일어나는 반면 다른 지역에서는 가뭄이 오랫동안 지속돼요. 바다에서는 빙하가 녹으면서 해수면 상승으로 이어져 해안가의 서식지를 위협해요.

야생 생물: 날씨와 환경이 변하면 동물들의 서식지도 변해요. 예를 들어 북극에서는 빙하가 녹으면서 북극곰들이 사냥터와 휴식처를 잃어버리고 있어요. 따뜻한 해안가에서는 해수면 상승으로 인해 바다거북들이 알을 낳던 해변이 사라졌어요. 꽃이 피는 시기가 달라지면서 꽃에 의존하던 새와 곤충의 삶도 영향을 받아요. 생태계를 이루는 모든 연결고리가 뜨거워진 지구의 영향을 받고 있어요.

녹아내리는 해빙

인간의 책임

인간은 지구에서 살아가는 다른 어떤 종보다 이 행성에 큰 영향을 미치고 있어요.
인간은 생태계에 좋은 영향과 나쁜 영향을 모두 줄 수 있는
막강한 힘을 가지고 있지요.

산림 파괴

전 세계 곳곳에서 인간은 집, 도로, 공장, 농장, 광산 등을 지을 공간을 확보하기 위해 숲을 파괴하고 있어요. 숲이 사라진다는 것은 이산화탄소를 흡수하던 나무들이 사라진다는 뜻이지요. 이는 대기 중의 이산화탄소가 더 늘어나 지구 온난화를 가속하는 결과로 이어져요.

산림 파괴는 야생 생물들의 서식지를 없애는 일이기도 해요. 재규어는 한때 미국 남부에서부터 아르헨티나에 이르기까지 널리 서식하고 있었지만, 지금은 서식지가 절반으로 줄어들어 대부분 아마존 열대우림에서만 살아가고 있어요.

벌목 트럭

플라스틱 쓰레기

플라스틱병을 포함해 무려 800만 톤의 플라스틱 쓰레기가 매년 바다로 흘러가요. 비와 바람이 하수구와 하천으로 실어나른 플라스틱 쓰레기는 결국 바다에 이르게 되지요. 바다에선 플라스틱 쓰레기를 먹은 물고기가 더 큰 물고기에게 잡아먹혀요. 플라스틱이 물고기의 배를 가득 채우면 물고기는 더 이상 음식을 먹지 못하게 돼요. 플라스틱 쓰레기는 동물의 지느러미에 뒤엉켜 헤엄치지 못하게 만들어서 생존을 위협하기도 해요.

바다거북

공해

자동차나 발전소에서 화석연료를 태울 때 나오는 매연은 **공해**를 일으켜요. 화석연료의 연소 과정에서는 지구 온난화를 일으키는 온실가스뿐만 아니라 천식 같은 호흡기 질환을 일으키는 미세먼지, 오존이나 일산화탄소 같은 가스까지 함께 배출돼요. 공해는 산성비가 내리게 하여 연못이나 호수의 수상 생태계를 교란하기도 해요.

발전소

연쇄 반응

20세기 동안 미국에서 98%의 프레리도그가 그들의 서식지에서 사라졌어요. 농부들이 프레리도그를 해로운 동물로 여겨 없앴기 때문이지요. 그런데 프레리도그가 사라지자 그들을 먹고 살던 검은발족제비가 더 이상 먹을 게 없어지면서 차례로 **멸종** 위기에 처하게 됐어요. 오늘날 환경 보호 활동가들은 프레리도그와 검은발족제비를 보호하고 번식시켜서 그들의 개체 수가 다시 증가하도록 힘쓰고 있답니다.

프레리도그

지구를 지켜라

인간은 생태계를 파괴할 수 있지만 보호할 수도 있어요.
우리의 행동은 야생 생물과 우리가 살아가는 지구를 지킬 수 있어요.

깨끗한 에너지

석탄이나 석유 같은 화석연료는 대기를 오염시켜요. 지구를 살리는 중요한 방법은 바로 화석연료를 다른 깨끗한 에너지원으로 대체하는 것이지요. 태양과 바람 같은 천연자원은 고갈되지 않는 에너지원을 제공할 수 있어요. **태양 전지판**을 이용하면 태양 에너지를 전기로 바꾸어 기계를 작동시키거나 난방하는 데 사용할 수 있지요. 바람의 힘으로 돌아가는 **풍력발전기**를 설치하면 바람으로부터도 전기를 만들 수 있어요. 풍력발전기는 운동 에너지를 전기 에너지로 바꾸거든요.

풍력발전기

재활용

종이, 금속, 유리, 직물, 플라스틱과 같은 재료는 **재활용**할 수 있어요. 재활용 과정을 거쳐 재생된 자원은 새로운 제품을 만들거나 포장하는 데 이용할 수 있어요. 재활용은 매립되거나 소각되는 쓰레기를 줄여 줄 뿐만 아니라 원재료로부터 물건을 만들어내는 데 드는 연료와 자원을 줄여 주지요. 제품을 최대한 재사용하고 포장이 적게 된 제품을 이용하는 방법으로도 쓰레기 배출량을 줄일 수 있어요.

식물을 심어요

땅에 나무를 심어 숲을 가꾸면 대기 중의 이산화탄소를 흡수하는 효과를 내요. 더 작은 규모이지만 집에서 채소나 다른 식물들을 키우거나 집 근처에서 재배된 작물을 구매하는 것도 도움이 된답니다. 여러분이 필요한 만큼 작물을 재배할 수는 없겠지만, 여러분이 키우는 식물마다 공기 중의 이산화탄소를 줄여 주고, 작물을 마트로 수송하는 데 필요한 트럭과 비행기의 수를 줄여 주지요.

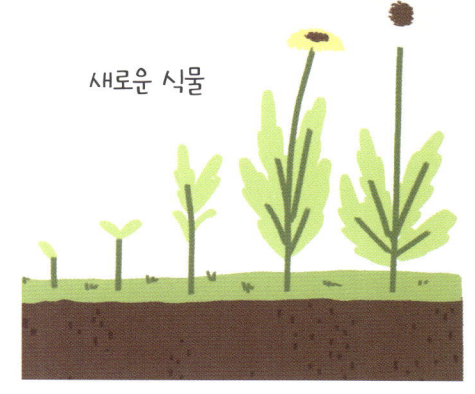
새로운 식물

생물종 보존

인간은 **멸종 위기**에 처한 종을 도와줄 수 있어요. 비록 생물의 서식지를 파괴하거나 과도한 사냥으로 그들을 멸종 위기에 처하게 한 책임은 인간에게 있더라도 말이지요. 천산갑은 비늘과 고기 때문에 사냥을 당해 왔고, 그 결과 개체 수가 급격히 줄어들어 멸종 위기에 처하게 되었어요. 정부는 생물종을 보존하기 위한 법을 마련했지만, 그것만으로는 부족할 수 있어요. 점점 더 많은 종이 멸종 위기에 처하고 있답니다.

천산갑

전기 에너지

이산화탄소를 배출하는 휘발유와 경유의 사용을 줄이기 위해 과학자들은 **전기**로 움직이는 자동차를 개발했어요. 전기자동차는 동력원으로 배터리를 이용하고, 플러그를 꽂아 충전할 수 있어요. 전기자동차에 공급되는 전력이 화석연료가 아닌 다른 전력원으로부터 제공된다면, 전기자동차가 기존 내연기관차를 대체하게 되었을 때 이산화탄소 배출량을 많이 줄일 수 있을 거라고 기대돼요.

전기자동차

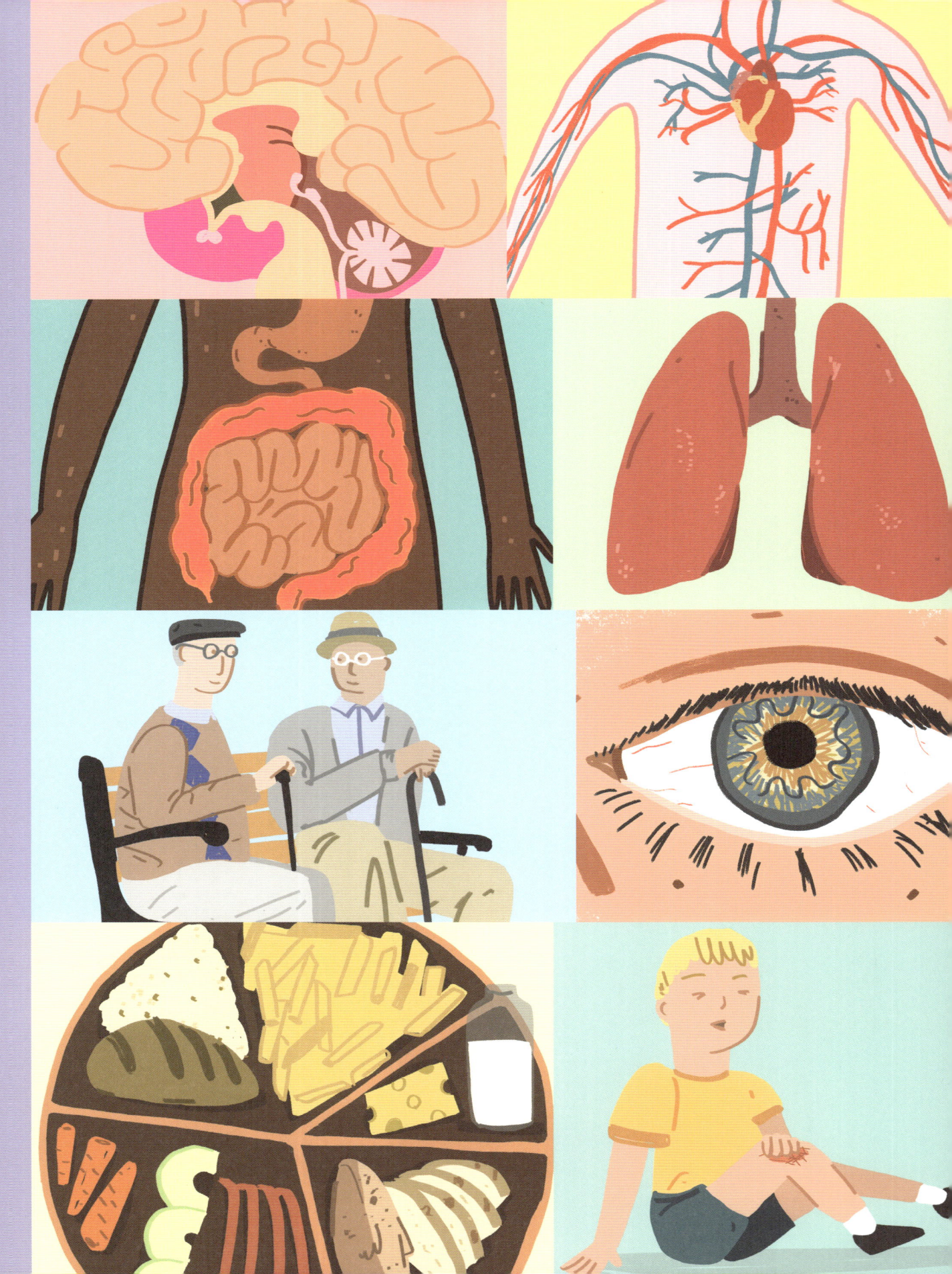

5장
해부학: 인간의 몸

인간의 몸은 기름칠이 잘된 기계처럼 능률적으로 작동해요.
경이로운 기계라고 할 수 있지요.
살아 숨 쉬고 생각하는 존재를 만들기 위해 신체의 여러 기관이 함께 작동하고 있어요.
놀랍게도 우리는 모두 이러한 신체 기관들을 공유하면서도 개성을 지니고 있답니다.

인체 해부학은 인간 몸의 구조와 각 기관의 기능을 탐구하는 학문이에요.
뼈와 근육, 위와 신경, 심장과 뇌의 구조와 기능을 연구하고
나이가 들면서 이러한 기관이 어떻게 변하는지 알려 주지요.
이번 장을 통해 여러분은 신비로운 자신의 몸을
자세히 들여다보는 시간을 가질 수 있을 거예요.

뼈 이야기

인간의 골격은 몸의 형태와 구조를 잡아 주고 심장이나 뇌 같은 섬세한 기관들을 보호해요. 또한 뼈는 혈액세포를 만들고 우리가 소리를 들을 수 있게 해 준답니다!

뼈대 있는 몸

인간의 몸속에는 뇌, 심장, 폐와 같은 연약한 장기들이 들어 있어요. **골격**은 이런 모든 장기들을 보호하고 있지요. 인간의 골격은 200개가 넘는 크고 작은 뼈로 이루어져 있어요. 한쪽 손에는 27개의 뼈가 있고 한쪽 발에는 26개의 뼈가 있지요. **두개골**은 뇌를 보호하고 **갈비뼈**는 심장과 폐를 둘러싸고 있어요. 골격은 몸이 똑바로 설 수 있는 지지대 역할도 한답니다.

 **그냥 궁금해요**

귓속에 들어 있는 등골은 우리 몸에서 가장 작은 뼈랍니다. 등골은 길이가 고작 3밀리미터지요. 등골은 내이에 소리가 전달될 수 있도록 도와줘요.

다양한 뼈

우리는 뼈와 연결된 근육과 관절을 이용하여 몸을 움직일 수 있어요. 뼛속에는 뼈를 강하게 만드는 칼슘과 기타 미네랄 성분들이 많이 들어 있어요. 뼈는 부러졌을 때 스스로 치유할 수도 있어요. **뼈는 살아 있는 조직**으로, 여러분이 성장할 때 함께 자라난답니다. 비슷한 종류의 세포들로 이루어진 **조직**은 몸을 이루는 작은 구성 요소이지요. 뼈조직의 경우에는 작은 골세포들로 이루어져 있어요.

뼛속의 공장

보호 역할을 하는 단단하고 꽉 찬 뼈의 바깥 부분과 달리 뼈의 안쪽에는 무게를 가볍게 하는 스펀지 같은 구조가 들어 있어요. 뼈는 약간 유연하지만, 나이가 들수록 점점 더 단단해져요. 많은 뼈 안에는 매일 5,000억 개 정도의 혈액세포(98쪽 참조)를 만들어내는 골수가 들어 있어요.

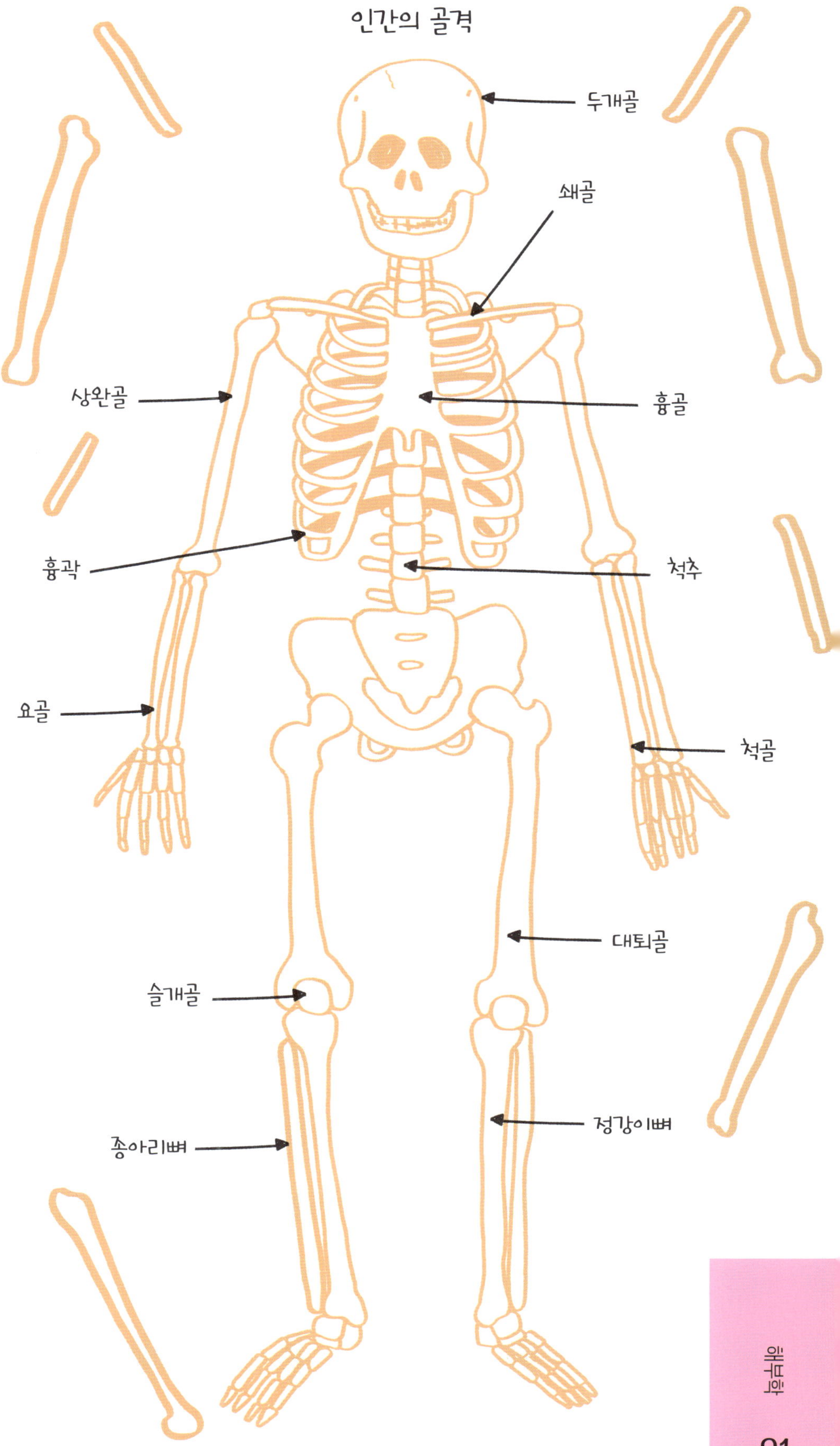

인간의 골격

- 두개골
- 쇄골
- 상완골
- 흉골
- 흉곽
- 척추
- 요골
- 척골
- 대퇴골
- 슬개골
- 정강이뼈
- 종아리뼈

움직여 보아요

골격은 우리 몸을 지탱해 줘요. 그런데 어떻게 수백 개의 뼈가 함께 움직여서 걷고, 뛰고, 잡고, 뻗을 수 있게 될까요? 그건 바로 근육과 관절 덕분이랍니다. 근육과 관절이 없다면 우린 그저 뼈 무더기에 불과할 거예요!

관절

두개골 같은 일부 뼈들은 뼈끼리 단단하게 연결되어 있지만, 다른 뼈들은 관절로 연결되어 있어요. **활막 관절**은 팔과 다리에 있는 뼈들처럼 다양한 움직임을 만들어낼 수 있는 뼈들을 연결하고 있지요. 이 관절들은 움직이는 동안 뼈들이 서로 부딪혀서 닳지 않도록 해 줘요. 관절 안에서는 여러 부분이 함께 작동해요. 뼈의 끝에는 **연골**이라는 부드러운 **조직**이 붙어 있어요. 연골은 미끌미끌한 액체인 **활액** 속에 들어 있지요. **인대**는 관절 속의 뼈들을 연결하는 역할을 해요.

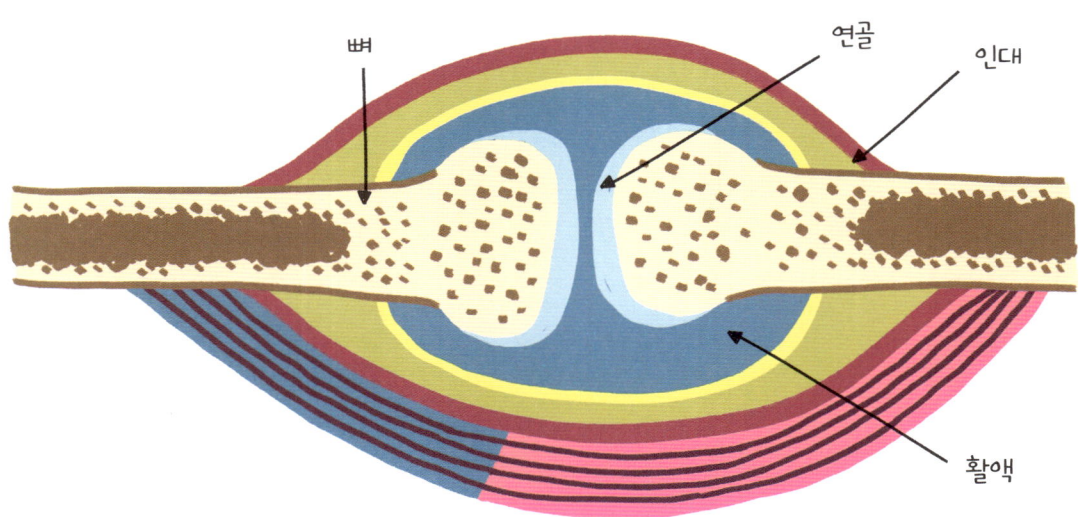

근육

움직일 수 있으려면 뼈와 관절뿐만 아니라 **근육**도 필요해요. **힘줄**에 의해 뼈와 연결된 근육은 신축성 있는 끈처럼 작동하지요.

근육은 수축을 통해 작동해요. 근육이 짧아지고 조여지면서 뼈를 잡아당기지요. 뼈가 관절로 연결되어 있다면 근육이 움직임을 만들어낼 수 있어요. 하지만 근육은 뼈를 **당길 수만** 있어요. 뼈를 잡아당겨서 팔을 들게 하는 근육은 다시 뼈를 밀어서 팔을 내리지는 못해요. 똑똑한 인간의 몸은 대항근을 통해 이 문제를 해결해요. **대항근**은 서로 반대되는 작용을 하는 한 쌍의 근육을 말해요.

예를 들어 팔꿈치를 구부릴 때 팔 앞쪽의 **이두박근**과 팔 뒤쪽의 **삼두박근**이 함께 작동해요. 팔을 들어 올리거나 내릴 때 둘 중 한 근육이 수축하지요. 팔을 들어 올릴 때는 이두박근이 수축하고 삼두박근은 이완해요. 팔을 다시 내릴 때는 이두박근이 이완하고 삼두박근이 수축하지요.

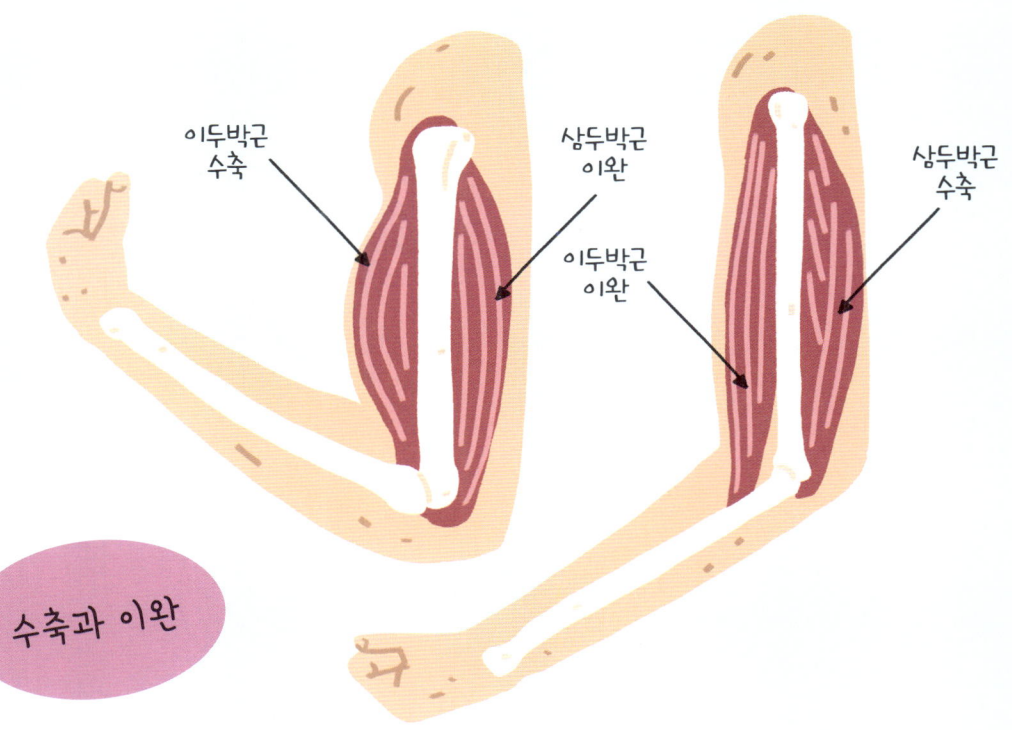

수축과 이완

근육의 팀워크

우리 몸이 움직이려 할 때는 여러 근육이 함께 작동해요. 우리 몸에는 무려 600개가 넘는 근육이 있어요. 손가락을 꼼지락거릴 때도 여러 근육이 함께 작동해요. 달릴 때는 팔다리의 근육을 모두 사용해서 다리를 구부리고 달리는 동안 팔을 앞뒤로 흔들어야 하고요. 춤을 출 때 온몸으로 리듬을 타기 위해서는 많은 근육이 작동해야 해요. 여러분이 미소를 지으려면 입 주변에서 무려 열 개가 넘는 근육들이 움직여야 한답니다.

열심히 일하는 장기들

우리가 잠자는 동안에도 우리 몸속의 장기(기관)들은 열심히 일하고 있어요.
장기들은 각각 다른 기능을 담당하고 있지만 한 가지 공통점이 있어요.
바로 우리가 살아 있도록 해 준다는 점이지요!

 장기

장기는 특정하고 중요한 임무를 수행하기 위해 함께 일하는 조직들의 그룹이에요. 우리 몸에 있는 주요 장기 중 몇 가지를 살펴보아요.

폐: 우리가 숨을 들이쉬면 공기가 폐 속으로 흘러 들어가지요. 폐는 우리가 들이마신 공기 중의 산소를 가져와 혈액으로 보내요. 또한 혈액에 들어 있는 이산화탄소를 제거하고 호흡을 통해 내보내요.

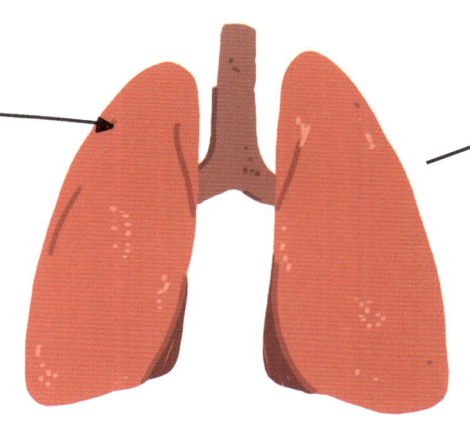

신장(콩팥): 강낭콩 모양으로 생긴 두 개의 신장은 혈액을 걸러내는 역할을 해요. 신장은 노폐물과 불필요한 수분을 배출해서 체액의 균형을 유지해 준답니다. 노폐물은 방광으로 보내져 소변으로 배출되지요.

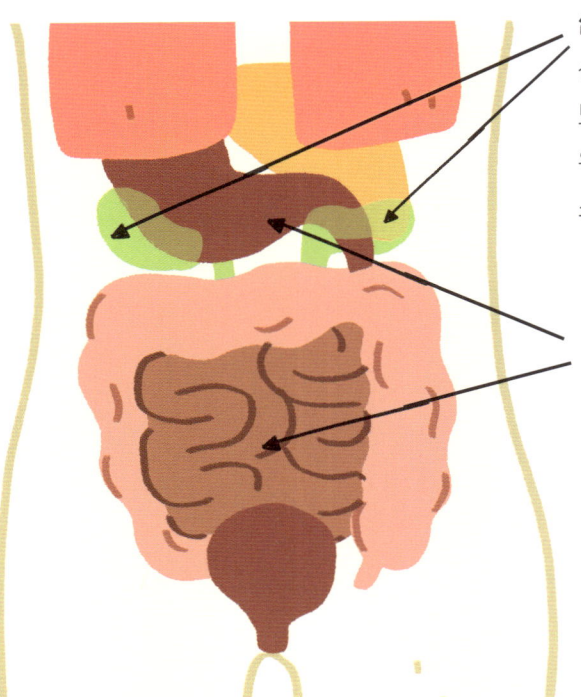

위장: 위와 장은 **소화계**를 이루어요. 위에서 죽처럼 분해된 음식이 장을 통과하는 동안 영양분과 수분이 몸으로 흡수된답니다.

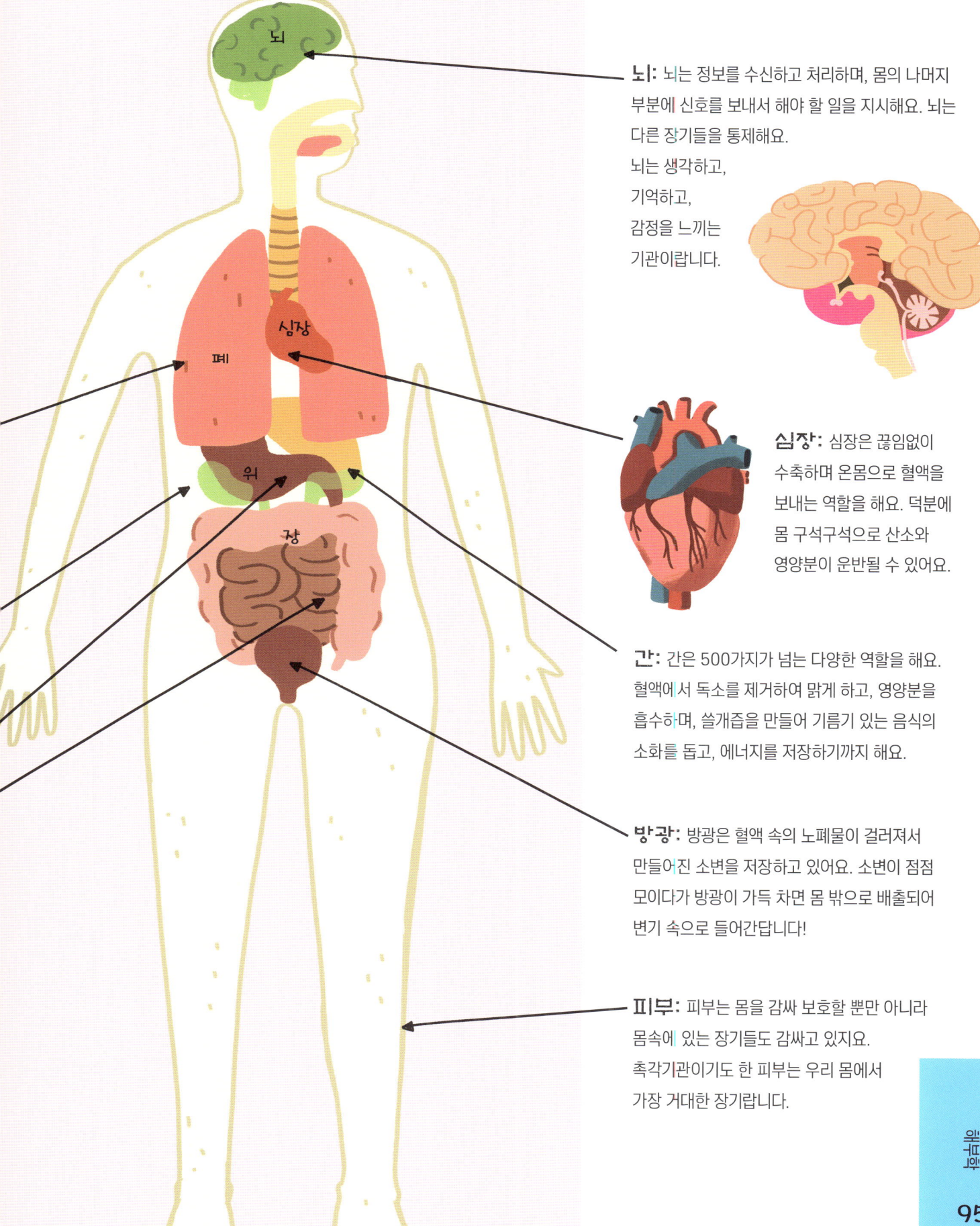

뇌: 뇌는 정보를 수신하고 처리하며, 몸의 나머지 부분에 신호를 보내서 해야 할 일을 지시해요. 뇌는 다른 장기들을 통제해요. 뇌는 생각하고, 기억하고, 감정을 느끼는 기관이랍니다.

심장: 심장은 끊임없이 수축하며 온몸으로 혈액을 보내는 역할을 해요. 덕분에 몸 구석구석으로 산소와 영양분이 운반될 수 있어요.

간: 간은 500가지가 넘는 다양한 역할을 해요. 혈액에서 독소를 제거하여 맑게 하고, 영양분을 흡수하며, 쓸개즙을 만들어 기름기 있는 음식의 소화를 돕고, 에너지를 저장하기까지 해요.

방광: 방광은 혈액 속의 노폐물이 걸러져서 만들어진 소변을 저장하고 있어요. 소변이 점점 모이다가 방광이 가득 차면 몸 밖으로 배출되어 변기 속으로 들어간답니다!

피부: 피부는 몸을 감싸 보호할 뿐만 아니라 몸속에 있는 장기들도 감싸고 있지요. 촉각기관이기도 한 피부는 우리 몸에서 가장 거대한 장기랍니다.

지휘하는 뇌

민달팽이처럼 뇌가 없이도 살아가는 일부 동물들과 달리, 인간에게 뇌는 인간의 특성을 이해하기 위한 매우 중요한 장기예요. 뇌는 우리가 움직이고, 생각하고, 느끼고, 말하고, 기억할 수 있게 도와주지요.

어떻게 생각하나요?

뇌는 매우 복잡하고 바쁜 장기예요. 뇌는 수십억 개의 뇌세포들로 이루어져 있고, 뇌를 작동하기 위해 전체 에너지의 20%가 사용되지요. 뇌는 다양한 기능을 담당하고 있어요. 심장 박동과 근육의 움직임 같은 몸의 기계적 작동을 조절하는 한편, 생각과 감정 및 감각을 조절하기도 하지요. 뇌의 각 부분은 서로 다른 기능을 조절하고 있어요.

대뇌: 대뇌는 뇌의 가장 큰 부분을 차지해요. 뇌의 바깥 부분에 해당하는 대뇌는 매우 주름진 표면을 가지고 있어요. 이곳에서 복잡한 사고와 분석이 진행된답니다. 대뇌는 우리의 성격과 말투를 제어하고, 시각과 촉각을 처리해요. 우리의 감정과 우리를 둘러싼 공간을 이해할 수 있게 하고 움직이고자 할 때 뇌의 다른 부분과 신체 기관에 지시를 내리지요.

소뇌: 두개골 안에서도 뒤쪽에 있는 소뇌는 몸이 부드럽게 움직일 수 있도록 근육을 조절하여 균형을 맞추고 몸 전체의 움직임을 조정하는 역할을 하지요.

뇌간: 뇌간은 뇌의 가장 아랫부분이자 척추 바로 위에 있어요. 뇌간은 심장 박동과 폐의 호흡처럼 우리가 생각하지 않아도 저절로 일어나고 있는 신체 활동을 조절하지요.

대뇌
시상하부
소뇌
뇌간

두뇌의 힘!

시상하부: 시상하부는 완두콩 한 알만큼 작은 크기이지만, 매우 중요한 신체 조절 능력을 지니고 있어요. 시상하부는 다양한 호르몬을 조절하지요. 호르몬은 수면, 목마름, 배고픔 등의 신체 조건에 반응하고, 몸이 작동하고 성장하는 것을 조절하는 화학 신호랍니다.

🗨 왼쪽과 오른쪽

뇌는 좌뇌와 우뇌 두 개의 **반구**로 나뉘어요. **좌뇌**는 몸의 오른편을 통제하고 **우뇌**는 몸의 왼편을 통제하지요.

🗨 신경계

뇌는 우리 몸을 이루는 **신경계**의 일부예요. 신경계에는 뇌뿐만 아니라 신경과 척수도 포함되지요. 척수는 신경의 고속도로라고 할 수 있어요. 뇌와 온몸 사이의 신호 전달을 매개하는 신경 네트워크의 핵심 부분이 척수이지요. 척수는 뇌를 거치지 않고 스스로 정보를 처리하기도 해요. 뜨거운 불에 가까이 간 손을 뒤로 빼는 반사작용은 척수에 의해 매개되어 빠르게 일어난답니다.

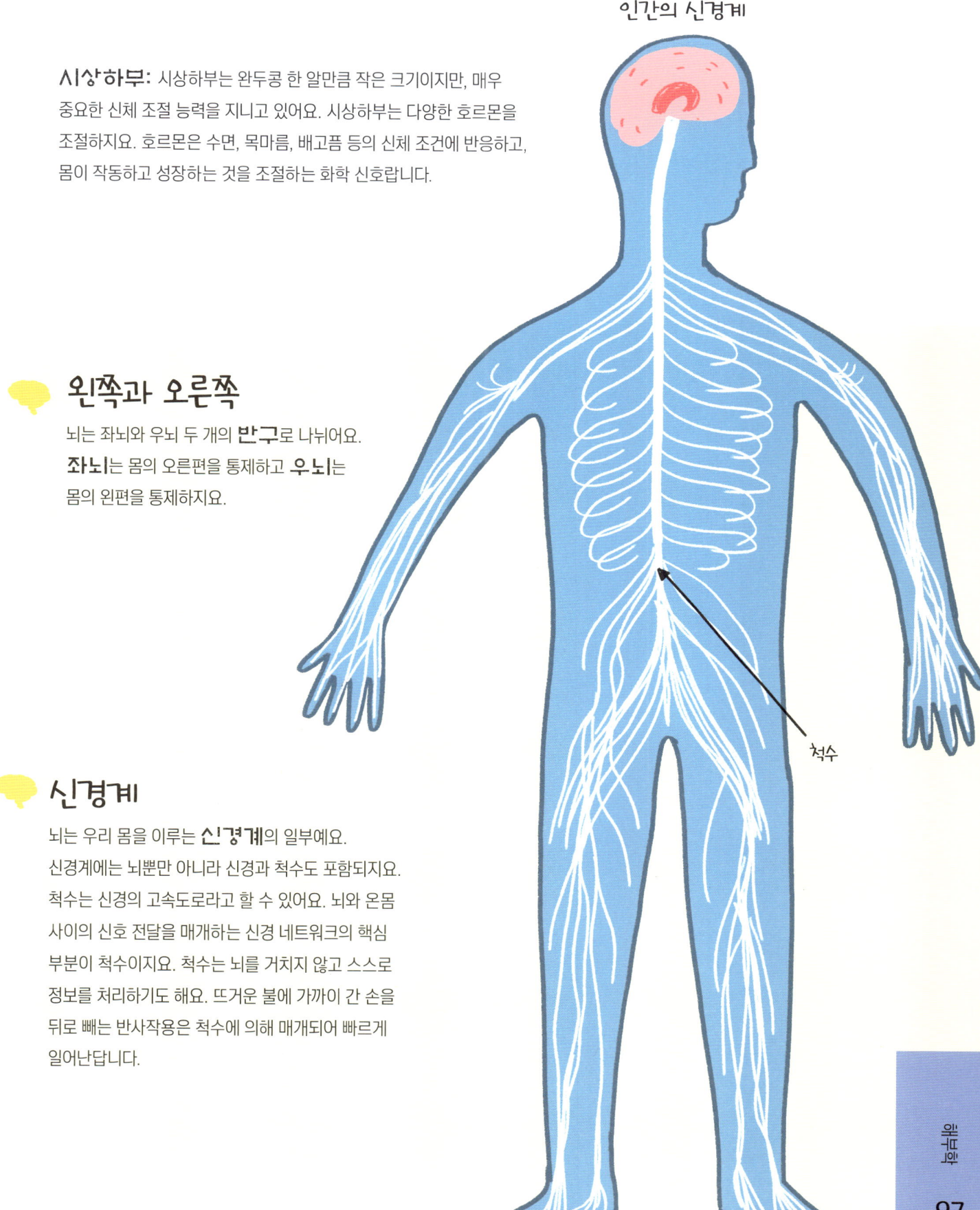

인간의 신경계

척수

피의 여행

혈관을 타고 온몸을 흘러 다니는 혈액(피)은 필수 물질과 노폐물을 운반해요.
힘차게 박동하는 심장부터 미세한 모세혈관까지,
순환계를 이루는 각 요소는 함께 일하고 있지요.

 ## 순환계

순환계 혹은 **심혈관계**의 임무는 혈액이 온몸을 순환하게 하여 산소와 양분을 전달하고 노폐물을 제거하는 것이지요. 순환계는 심장, 혈관, 혈액으로 이루어져 있어요.

동맥

정맥

 ## 분주한 혈액

여러분이 무언가에 베었을 때 보게 되는 빨간 피는 우리 몸의 순환 기능에 매우 중요한 역할을 맡고 있어요. 혈액은 각각 고유한 기능을 수행하는 다양한 종류의 세포를 운반하지요. **적혈구**는 몸 구석구석 산소를 전달하고 이산화탄소를 제거해요. **백혈구**는 몸에 침입한 병원균들과 싸워요. **혈소판**은 혈액 응고를 도와 상처 부위에서 피가 멈추도록 하지요.

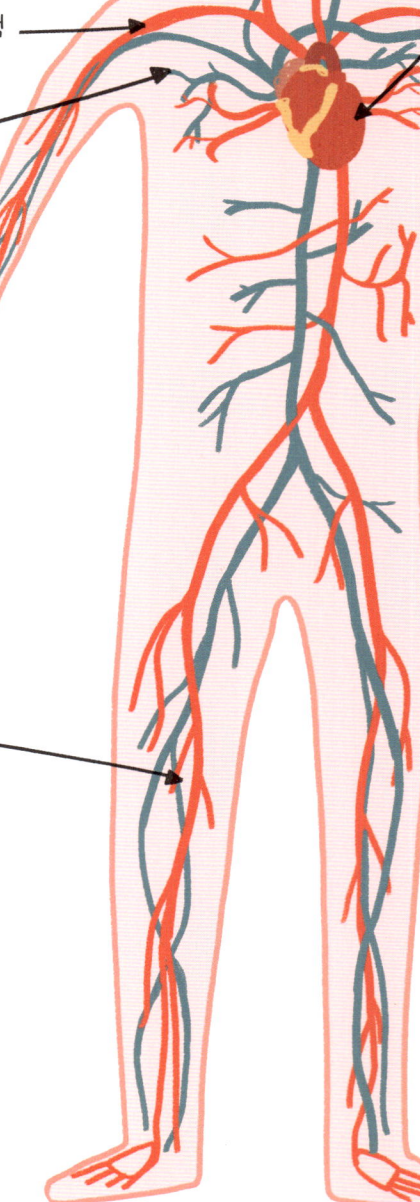

인간의 순환계

두근거리는 심장

심장은 여러분의 주먹 크기만 한 아주 강력한 **근육**이에요. 심장의 왼쪽 부분이 수축하면서 폐에서 깨끗한 혈액을 가져와 온몸으로 내보내고, 오른쪽 부분이 수축하면서 온몸을 돌고 심장으로 돌아온 혈액을 다시 폐로 보내지요. **심장 박동**은 근육의 수축작용을 통해 일어나요. 심장은 하루에 10만 번 이상 뛸 수 있어요. 1년으로 따지면 무려 3,500만 번 이상 뛰는 것이지요! 평균적으로 한 사람이 살아가는 동안 심장은 25억 번 이상 뛴답니다.

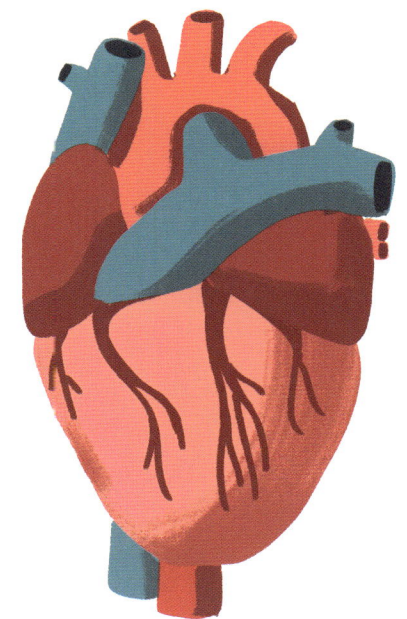

인간의 심장

혈관

혈관은 혈액이 몸의 다른 부분으로 이동할 수 있게 해 주는 도로망 같은 역할을 해요. **동맥**은 심장에서 뿜어져 나온 혈액이 흐르는 혈관으로, 산소와 영양분을 온몸에 전달하는 역할을 하지요. **모세혈관**은 동맥에서 뻗어 나온 가느다란 혈관으로, 특정 신체 부위로 혈액을 전달하는 역할을 해요. **정맥**은 혈액을 다시 심장으로 돌려보내지요. 혈액은 다시 폐로 이동하여 산소를 보충한 뒤 순환 과정을 반복한답니다.

건강한 심장

심장은 우리가 살아 있을 수 있도록 밤낮없이 항상 열심히 박동하고 있어요. 운동할 때나 숨이 차는 상황처럼 평소보다 산소가 더 많이 필요할 때 심장은 더 강하게 박동해야 해요. 건강한 심장은 운동이 끝나면 다시 정상적인 박동률로 돌아오지요.

음식이 소화되기까지

식탁에 차려진 맛있는 음식은 보기에도 먹기에도 좋지요.
하지만 음식 그 자체로는 우리 몸에 아무런 도움이 되지 않아요.
음식물은 우리 몸이 쓸 수 있는 작은 물질들로 분해되어야 하지요.

입

식도

소화계

소화는 음식물을 몸이 흡수하고 사용할 수 있는 물질들로 분해하는 과정이에요. **소화계**는 음식물이 소화되는 전 과정을 담당하는 여러 기관으로 이루어져 있어요. **소화관**은 여러분의 입에서 시작해 엉덩이까지 내려간답니다!

냠냠 꿀꺽

소화의 여정은 입에서 시작돼요. 입으로 들어온 음식은 치아로 씹혀 삼킬 수 있는 크기로 잘린 뒤 근육으로 된 **식도**를 타고 **위**로 내려 보내지지요.

잘게 쪼개져요

위에 도착한 음식은 그곳에서 몇 시간을 머물며 위액과 위 근육에 의해 더 잘게 쪼개져요. 위에서 슬러시가 된 음식이 흘러들어오는 **소장**에서는 많은 영양분이 흡수되어 혈액으로 수송된답니다.

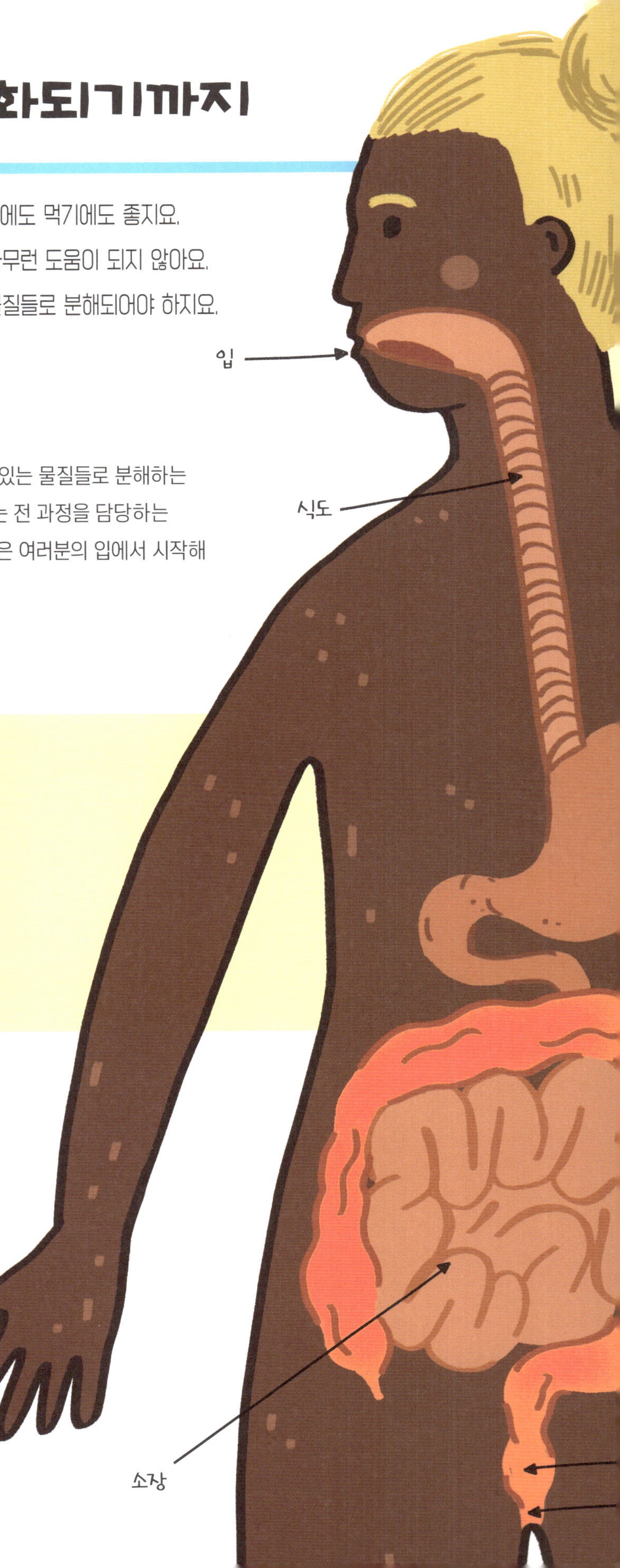

소장

🍎 소화 도우미

위에서 분비되는 **위산**은 음식물 분해를 도와주고 해로운 것들을 제거해요. 소장에서는 간에서 만들어진 **쓸개즙**이 지방 분해를 도와주지요. 음식을 제대로 분해하기 위해서 소화기관은 **소화효소**의 도움을 받아요. 몸에서 만들어지는 효소는 화학반응이 잘 일어나도록 도와주는 단백질이에요. 화학반응이 일어나면 둘 이상의 물질이 서로 반응하여 새로운 물질이 만들어져요. 입속에서는 효소가 들어 있는 침이 음식과 섞이면서 소화작용을 시작한답니다.

❓ 그냥 궁금해요

일생 동안 인간의 몸은 수영장 두 개를 가득 채울 만큼의 침을 만들어낸답니다!

위

🍏 배탈

몸은 특정한 음식을 잘 소화하지 못하는 **음식 과민증**을 나타내기도 해요. 예를 들어 **유당 과민증**이 있는 사람은 유제품에 들어 있는 유당이라는 당을 분해할 수 있는 효소가 결핍되어 있지요. 식품에 들어 있는 화학 첨가제 또한 배탈을 일으킬 수 있어요.

대장

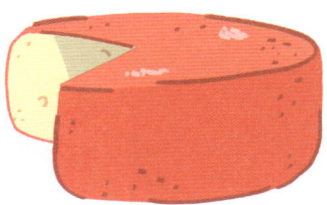

🍎 응가

곤죽이 된 음식은 마침내 **대장**에 도착해요. 이곳에서 수분과 남아 있는 영양분이 흡수되지요. 나머지는 **직장**으로 이동하여 대변이 된답니다. 대변은 **항문**을 통해 몸 밖으로 배출돼요.

직장
항문

우리 몸

101

 # 세상을 느껴요

우리는 감각기관을 통해 우리를 둘러싼 세상을 느낄 수 있어요. 우리의 몸에 심어진 특별한 수용체들이 세상으로부터 정보를 받아들여 뇌로 전달한답니다. 우리의 뇌는 우리가 안전하고 행복하게 살 수 있도록 감각 정보를 처리하고 주변 환경을 분석하지요.

감각

우리 몸에는 세상을 감지할 수 있는 특별한 **수용체**가 많이 있어요. 수용체들은 달짝지근함, 부드러움, 뜨거움과 같은 정보를 감지하고 이를 뇌로 전달하여 처리할 수 있게 해요. 우리에게는 시각, 후각, 미각, 촉각, 청각의 다섯 가지 주요 감각이 있어요.

시각

우리의 **눈**은 밝고 어두움, 모양, 거리를 감지할 수 있어요. 물체에서 반사된 빛은 눈 가운데의 까만 **동공**을 통해 들어와 **수정체**를 통과해 눈 안쪽 깊은 곳으로 들어오지요. 이곳에서 엄청나게 많은 수용체가 빛의 밝기와 색깔에 대한 정보를 수집하여 **시신경**을 통해 뇌로 전달한답니다. 뇌는 이 정보를 통합하여 이미지를 만들어내고 우리가 보고 있는 물질을 시각적으로 이해할 수 있게 하지요.

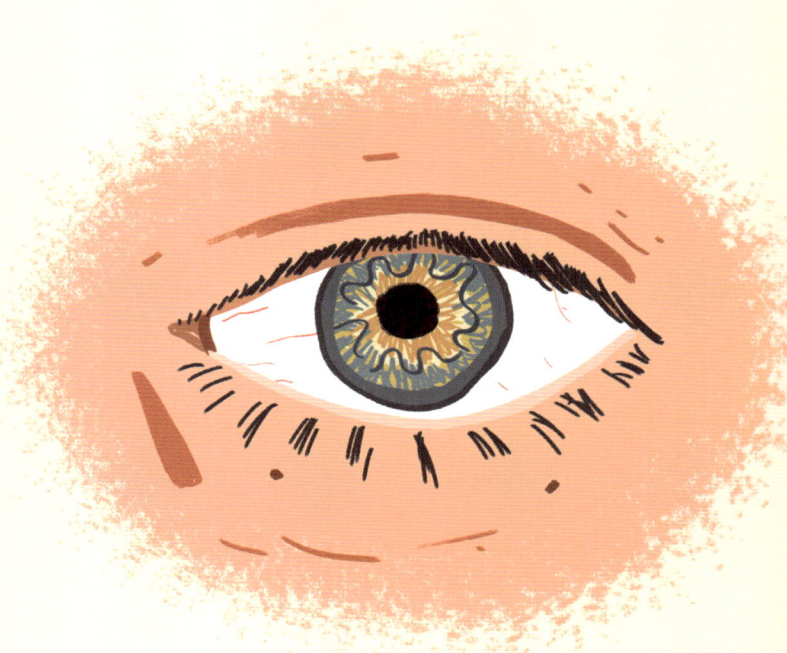

후각

우리가 코로 숨을 들이마실 때, 냄새(화학물질)가 우리 몸속으로 들어와요. 이때 화학물질이 코 안쪽의 끈적끈적한 **점액**에 들러붙게 되고, 이곳에 있는 수용체들이 후각 정보를 감지하여 뇌로 전달한답니다. 그러면 뇌는 어떤 냄새인지 알아낼 수 있어요. 인간은 약 1만 가지의 냄새를 구별할 수 있지요.

촉각

우리의 온몸을 감싸고 있는 **피부**는 세상을 감지하는 중요한 역할을 맡고 있어요. 피부 표면 바로 아래에는 압력, 뜨거움, 차가움, 통증을 느끼는 다양한 수용체들이 자리 잡고 있지요. 이들은 우리 몸이 촉각에 반응할 수 있도록 신경계에 신호를 보내요. 예를 들어 몸이 차갑게 느껴지면 우리 몸은 털을 세워서 온기를 가두려고 하지요. 발에는 몸의 다른 어떤 부분보다도 많은 촉각 수용체가 있어요. 발을 간지럽히면 엄청 간지러운 이유가 여기에 있지요. 발을 간지럽히면 생각할 틈도 없이 발차기를 하게 될지도 몰라요.

미각

인간의 **혀**는 수천 개의 작은 **미뢰**로 뒤덮여 있어요. 미뢰는 음식의 맛을 느끼게 해 주지요. 각각의 미뢰는 단맛, 짠맛, 쓴맛, 신맛, 감칠맛을 느끼고 그 신호를 뇌로 전달하는 감각 수용체예요. 뇌는 미뢰에서 온 정보들을 통합하여 음식 맛을 이해하려고 하지요. 후각과 미각은 음식의 질을 평가하기 위해 함께 작동해요. 덕분에 우리는 맛있는 음식을 즐길 수 있고, 위험한 음식은 피할 수 있지요!

청각

소리는 **귀**를 통해 우리 몸으로 들어와요. 음파(공기나 물속을 이동하는 진동)는 외이도를 통과하여 고막에 도달하지요. 음파는 고막을 진동시키고, 소리가 클수록 고막의 진동도 커진답니다! 진동은 청각 수용체로 전달되고, 뇌는 청각 수용체가 전송하는 신호를 통해 소리를 이해하지요.

자기수용 감각

자기수용 감각은 종종 제6의 감각이라고 불려요. 이 감각은 근육과 관절의 수용체들을 이용하여 우리 몸의 위치를 이해할 수 있게 해요. 이 감각이 없다면 우리는 끊임없이 넘어질 거예요!

변화하는 몸

다른 모든 생명체와 마찬가지로 인간의 몸도 시간이 지남에 따라 조금씩 변해요.
우리가 태어나서, 자라고, 늙는 동안 우리 몸에서는 흥미진진한 일들이 일어난답니다!

 ## 아기

엄마의 몸속에서 엄마와 아빠의 생식세포가 만나는 순간, 아기의 여정이 시작돼요. 아기는 세상 밖으로 나올 준비가 될 때까지 아홉 달 동안 엄마의 **자궁** 속에서 머물며 성장과 발달을 이어가지요. 분만을 통해 태어난 작은 아기는 영양과 이동, 안전을 모두 부모에게 의존해요. 아기는 매우 빠르게 성장하고 배워요. 금방 얼굴을 알아보고 손과 입을 비롯한 모든 감각을 동원해 주변 환경을 탐색하지요.

어린이

어린이는 걷고 말하는 법을 배우면서 빠른 속도로 학습을 진행해요. 어린이들은 먼저 반복적으로 들은 단어의 의미를 깨닫고, 그 단어들을 마침내 스스로 사용하게 되면서 언어를 습득하지요. 20개의 유치(젖니)는 태어나기 전부터 만들어지기 시작해서, 생후 6개월에서 열두 살 사이에 잇몸에서 자라나요. 여섯 살에서 성인이 될 때까지 유치가 빠지고 32개의 더 크고 오래가는 영구치로 교체된답니다.

사춘기

여자아이들은 8~14세에 **사춘기**를 겪기 시작해요. 남자아이들은 조금 더 늦은 9~16세에 사춘기가 진행되지요. 사춘기 동안 인간의 몸은 아기를 만들 수 있는 능력을 갖추도록 변화해요. **청소년** 시기에는 갑자기 키가 훌쩍 자라기도 하지요. 새로운 곳에 털이 나고, 땀을 더 많이 흘리기 시작하며, 여드름이 나기도 해요. 여자아이는 가슴이 커지고 남자아이는 목소리가 굵어져요.

성인

보통 21세 정도가 되면 인간의 키는 완전히 성장을 멈추고 모든 영구치를 갖게 돼요. **성인**이 되면 가정을 꾸릴 수도 있지요. 여성이 자궁 속에 아기를 갖게 되는 것을 **임신**이라고 해요.

노인

성년이 된 후 세월이 많이 흐르면 **노년기**에 접어들어요. 노인의 피부는 탄력을 잃고 주름이 지며, 머리카락은 하얗게 세거나 빠지게 돼요. 노인의 세포는 재생이나 복제 능력이 떨어지고, 장기들의 능률도 점점 떨어지기 시작해요.

? 그냥 궁금해요

오늘날 전 세계적으로 약 80억 명의 인구가 살아가고 있어요. 이들의 평균 나이를 계산하면 29세 정도라고 해요.

소중한 나의 몸

여러분의 몸은 무엇보다도 소중해요. 여러분을 위해 열심히 일하고 있는 몸을 잘 돌봐야 해요.
그래야 튼튼하게 오랫동안 잘 기능할 수 있어요.

건강한 식생활

우리가 먹는 음식은 건강에 좋을 수도, 나쁠 수도 있어요. 건강을 유지하려면 균형 잡힌 식사를 해야 하지요. 음식을 골고루 잘 먹어야 한다는 뜻이에요.

빵이나 파스타 속에 들어 있는 **탄수화물**과 버터나 생선에 들어 있는 **지질**(지방과 기름)은 우리에게 에너지를 주지요. 육류, 생선, 견과류, 달걀 등에 풍부한 **단백질**은 새로운 세포를 만들고 근육을 재생하는 데 필요해요. 과일과 채소에 포함된 **비타민**과 **미네랄**은 우리를 건강하고 튼튼하게 해 줘요.

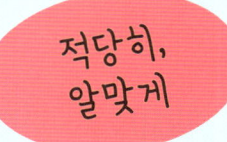

이러한 영양소들을 적당한 양으로 섭취하는 것이 중요해요. 불균형한 섭취는 우리를 아프게 만들 수 있어요. 지방이 많은 음식을 너무 많이 먹으면 **비만**이 될 수 있지요. 이는 몸에 필요한 양보다 더 많은 지방이 있다는 의미이며, 몸에 부담을 주게 돼요. 예를 들어 심장과 폐가 더 많이 일해야 하지요. 비타민과 미네랄을 충분히 먹지 않으면 몸이 약해져 일상적인 생리활동에 문제가 생길 수 있어요. 그래서 매일매일 채소와 과일을 잘 챙겨 먹는 것이 중요해요. 물을 충분히 마시는 것도 정말 중요해요. 몸속의 모든 세포는 물이 필요하기 때문이지요.

운동

규칙적인 운동은 여러 이유로 건강에 좋아요. 운동을 열심히 할수록 **폐활량**이 커져서 더 많은 산소를 몸에 공급할 수 있게 돼요. 운동은 활력을 높이고 혈액 순환도 개선해 주어요. 또한 근육을 키우고, 두뇌 활동을 촉진하며, 심지어 **행복도**까지 높여 줄 수 있지요.

 ## 흡연의 영향

흡연은 건강에 매우 해로워요. 담배를 피울 때 나오는 타르, 니코틴, 일산화탄소 같은 **해로운** 물질들이 폐를 손상시켜 폐의 기능을 떨어트려요. 이런 나쁜 물질은 심장에도 안 좋아요. 니코틴은 심장 박동 수를 높이고 혈관을 좁혀 혈액과 산소가 순환하기 어렵게 만들어요. 게다가 니코틴은 **중독성**이 강해서 한번 담배를 피우기 시작하면 끊기가 정말 어려워요.

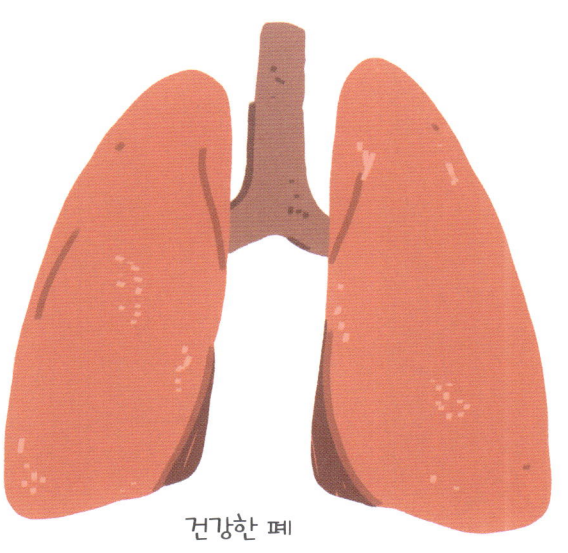

건강한 폐

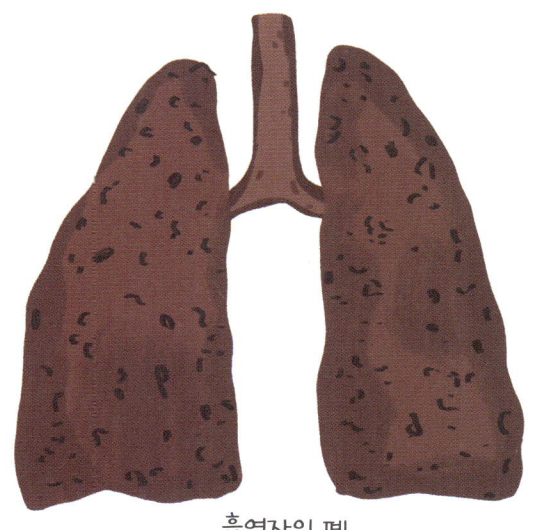

흡연자의 폐

 ## 건강에 해로워요

술이나 마약도 건강에 해로워요. 이들은 간, 심장, 뇌를 비롯한 장기들에 **손상**을 줄 수 있어요. 우리 몸에 들어가는 것들이 어떤 영향을 주는지 잘 알고 있어야 해요. 만약 여러분이 나쁜 물질의 위험성을 잘 의식하며 살아간다면 훗날 여러분의 몸이 매우 고마워할 거예요!

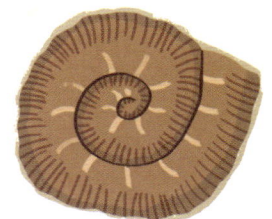

6장
진화생물학:
과거와 현재 그리고 미래

지구의 전체 역사를 두고 보자면, 인간이 지구에 존재해 온 것은
아주 짧은 기간에 불과해요. 인간이 지구상에 출현하기 훨씬 전부터 아주 오랫동안
유구한 생명의 역사가 진행되어 왔답니다. 지구에서 생명은 어떻게 시작되었을까요?
생물은 시간이 지나면서 어떻게 변화하고 진화하였을까요?
또 앞으로 어떻게 진화해 나갈까요?

진화생물학은 오늘날 세상을 살아가고 있는 많은 생물이 출현하게 된
진화의 과정을 탐구하는 학문이에요.
이번 장에서는 생명이 시작된 곳으로 시간 여행을 떠나 보고,
지구상에 나타났다가 사라진 생물종을 살펴보며, 이 광활한 우주에서
오직 지구에만 생물이 있는 것인지 함께 고민해 봐요.

진화론

과학자들은 수백만 년 또는 수십억 년 전의 화석을 조사하여 생물종이 시간이 흐르면서 어떻게 변화했는지 파악할 수 있어요. 생물학자들은 이러한 생물의 변화가 어떻게, 왜 일어나는지 이해하려고 100년이 넘는 시간 동안 연구해 왔어요.

찰스 다윈

진화는 지구상에서 생물이 시간이 지남에 따라 점진적으로 변해 가는 과정이에요. 1858년, 영국의 박물학자이자 지질학자인 **찰스 다윈**은 **자연선택**이 진화의 원인이라는 이론을 발표했어요. 1년 뒤 《종의 기원》이라는 책을 펴내고 진화에 대한 본격적인 논의를 시작했지요. 다윈의 진화론은 그 당시 많은 도전을 받았고 그 이후로 더욱 발전되었어요. 여전히 다윈의 이론은 현대 진화론의 기반을 이루고 있답니다.

자연선택

자연은 가혹한 곳이에요. 동물과 식물을 비롯한 모든 생물은 살아남기 위해 경쟁해야만 해요. 자연선택은 주어진 환경에 가장 잘 적응한 종과 개체가 살아남고 번성하며, 그렇지 못한 나머지 종은 죽어서 도태되는 과정을 의미해요. 이러한 일은 오랜 기간에 걸쳐 일어나지요. 더 잘 적응한 개체는 자손을 번식할 때까지 오래 생존할 수 있고, 그 결과 자신의 **유전자**(세포들이 할 일을 지시하여 뾰족한 이빨이나 굵은 털 등을 만들 수 있도록 해 주는 매뉴얼)를 자손들에게 물려줄 수 있지요. 이 과정을 통해 자손들은 강한 종의 혈통을 이어 가며 환경에 훨씬 더 잘 적응할 수 있게 돼요. 반면 잘 적응하지 못한 개체는 자손을 낳기도 전에 죽는 경우가 많아 결국에는 자연에서 도태되는 운명을 맞이해요.

갈라파고스의 힌트

찰스 다윈은 수년간 전 세계를 돌아다니며 수백 종의 동식물을 연구했어요. 그는 **갈라파고스 제도**(태평양에 있는 여러 섬)에서 야생 동물들 사이의 작지만 중요한 차이점을 발견했어요. 어떤 섬에서는 벌레를 잘 물 수 있는 뾰족한 부리를 지닌 핀치새가 살았는데, 다른 섬에서는 딱딱한 씨앗을 부수는 데 유리한 뭉뚝한 부리를 지닌 핀치새들이 발견되었어요. 다윈은 이 핀치새들이 모두 같은 조상 종으로부터 유래했으며, 각자의 서식지에서 구할 수 있는 먹이에 적합한 특성을 갖도록 적응하는 과정에서 부리 형태가 달라졌다는 사실을 깨달았지요. 이렇게 자연선택 이론이 탄생한 거예요.

아하!

다윈의 핀치새

진화는 시간의 일

진화는 아주 오랜 세월에 걸쳐 일어나요. 종이 적응하는 동안, 환경에 적합한 특성이 다음 세대로 계속 대물림되지요. 이런 특성들이 조금씩 조금씩 쌓이면서 종은 변화해 나가요. 결국에는 완전히 새로운 종으로 진화하기도 하지요. 예를 들어 거대한 몸집과 지느러미를 가진 고래는 약 5,500만 년 전 네발로 걷는 **파키케투스**라는 동물로부터 진화했답니다! 육지에서 살았지만 종종 물고기를 잡아먹던 이 동물이 오랜 시간에 걸쳐 진화하면서 물을 휘젓는 강력한 꼬리를 얻게 되고 다리가 지느러미로 바뀌는 일이 일어났지요.

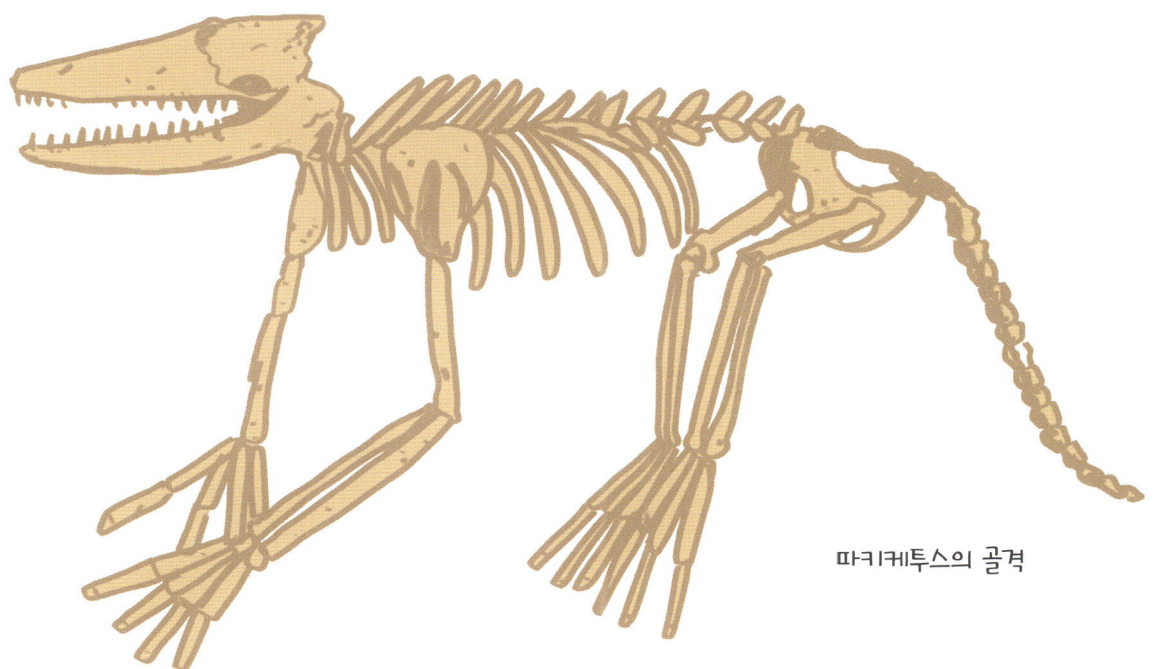

파키케투스의 골격

생명의 역사

태양계의 행성 지구에서는 아주 작은 생물부터 거대한 생명체에 이르기까지 많은 생물이 나타났다가 사라지는 일이 반복되었어요.

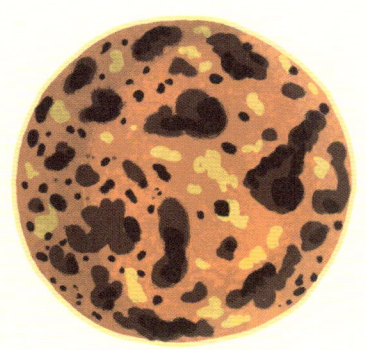

38억 년 전:
첫 생명체가 출현했어요! 바다에 사는 아주 단순한 단세포 생물이었지요. 이들은 바다와 대기에 산소를 공급하기 시작했어요.

15억 년 전:
서로 다른 기능을 수행하는 내부 구조들을 지닌 더욱 복잡한 세포가 바닷속에 출현했어요.

45억 년 전:
지구가 만들어졌어요. 지금과는 많이 다른 모습이었지요. 뜨거운 지구의 표면은 녹아내린 암석으로 뒤덮여 있었어요. 지표면이 식고 비가 내려 바다가 만들어지기까지는 수백만 년의 시간이 걸렸어요.

3억 9,500만 년 전:
최초의 네발 달린 동물이 출현했어요. 물과 육지를 왔다 갔다 할 수 있는 양서류였지요.

3억 1,200만 년 전:
양서류로부터 파충류가 진화했어요. 약 8천만 년 뒤, 공룡이라고 불리는 파충류 그룹이 진화했어요.

1억 5천만 년 전:
작고 깃털을 가진 공룡 그룹으로부터 조류가 진화했어요. 조류는 지금까지 생존하고 있는 유일한 공룡이라고 할 수 있어요.

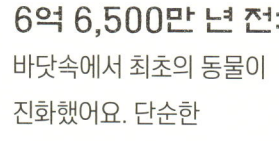

6억 6,500만 년 전:
바닷속에서 최초의 동물이 진화했어요. 단순한 무척추동물이었어요.

5억 2천만 년 전:
척추를 지닌 척추동물이 나타났어요. 턱이 없는 단순한 물고기였어요.

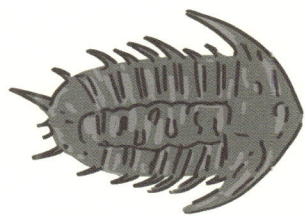

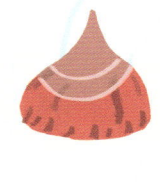

5억 4천만 년 전:
일부 무척추동물이 딱딱한 껍질을 만들기 시작했어요.

10억 년 전:
여러 세포로 이루어진 다세포 생물이 출현했어요.

그냥 궁금해요

지구의 역사를 24시간으로 압축한다면, 인간이 출현해서 살아온 시간은 마지막 1분에 불과하답니다. 우리가 나타나기 전에 지구에서는 정말 많은 일이 일어났지요.

6,500만 년 전:
거대한 운석의 충돌로 공룡이 멸종해 버렸어요. 대신 수천만 년 동안 포유류가 늘어나게 되었지요.

35만 년 전:
현생인류가 진화했어요. 우리는 400만~700만 년 전에 살았던 유인원의 후손이지요.

진화생물학

113

과거의 흔적

인간이 지구상에 존재해 온 것은 아주 짧은 시간에 불과해요.
그렇다면 우리는 인간이 출현하기 전에 무슨 일이 일어났었는지 어떻게 알 수 있을까요?
운이 좋게도 지구와 지구에 살았던 생물들은
과학자들이 생명의 지난 역사를 엿볼 수 있는 단서들을 남겼답니다.

완벽한 보존

식물 화석

생물이 죽으면 보통 시간이 흐르면서 썩어 없어지게 돼요. 하지만 가끔 생물의 잔해가 땅속에 보존되는 일이 생겨요. 선사시대에 살았던 생물들의 이러한 흔적이나 잔해를 **화석**이라고 부르지요. 기나긴 세월이 흐르면서 잔해는 점점 더 단단해지고 주변의 진흙과 모래는 암석으로 변해요. 화석은 호박(암석화된 수액), 타르, 얼음 속에서도 발견되지요. 지금까지 발견된 가장 오래된 화석은 무려 **34억 5천만 년 전**의 생물로 만들어졌답니다.

화석이 말해요

멸종한 생물은 그들이 남긴 화석을 통해 자신의 이야기를 들려주지요. 예를 들어 공룡의 발자국과 뼈 화석은 공룡이 얼마나 컸는지, 어떻게 움직이고 무엇을 먹었는지를 알려 줘요. 화석을 통해 지나간 시간을 들여다보면 우리는 생물이 어떻게 진화해 왔는지도 살펴볼 수 있지요. 수억 년 전에 멸종한 **삼엽충**은 무려 3억 년 동안이나 바닷속을 누비며 살았던 껍질이 있는 작은 동물이었어요. 삼엽충 화석을 연구하면 이들이 시간이 지나면서 어떻게 변했는지 알 수 있어요. 한 지역에서 발견된 다양한 식물 화석은 화석이 발견된 지역이 오래전 어떤 모습이었을지 상상할 수 있게 해 주지요.

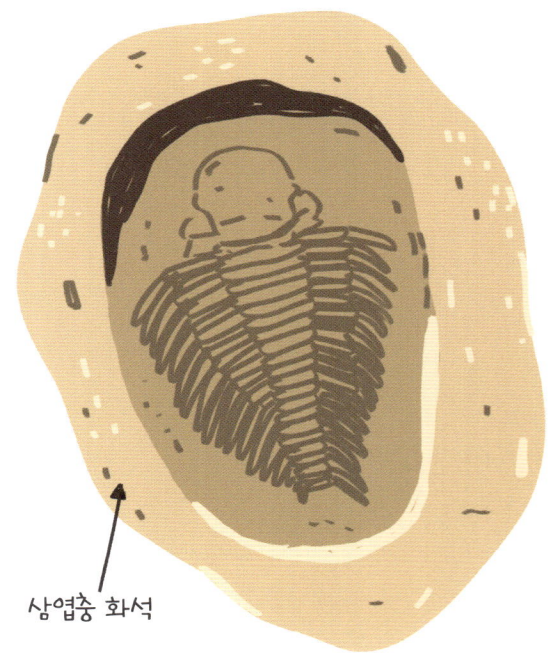

삼엽충 화석

화석을 찾아라

화석은 대부분 오래된 암석의 노출면에서 발견되거나 땅을 파다가 발견되곤 해요. 북아메리카에서는 농사를 짓던 농부들이 티라노사우루스의 뼈를 발견했답니다.
고생물학자는 화석화된 동물과 식물을 연구하는 사람이에요. 이들은 화석을 통해 생명의 과거를 자세히 분석하고 무슨 일이 왜 일어났는지 알아낸답니다.

놀라운 발견!

고생물학자

메리 애닝

메리 애닝은 1799년 가난한 가정에서 태어났어요. 애닝은 현재 쥐라기 해안으로 알려진 영국 남서부의 한 지역에서 살았지요. 그녀는 어릴 때부터 화석을 찾고 발굴하는 데 많은 시간을 보냈어요. 애닝은 해양 파충류(어룡)인 이크티오사우루스 화석, 플레시오사우루스의 완전한 골격 화석, 날개 달린 익룡 화석을 최초로 발견했지요. 그러나 애닝이 살았던 시대에는 단지 여성이라는 이유로 거의 인정을 받지 못했답니다. 하지만 오늘날 애닝은 과학에 엄청난 공헌을 한 인물로 존경받고 있어요. 애닝은 **분석**(똥 화석) 연구를 시작한 사람이기도 해요.

그냥 궁금해요

우리는 흔히 화석은 동식물의 몸의 잔해라고 생각하지요. 하지만 생물의 흔적 또한 화석이 될 수 있어요. 동물의 발자국, 땅굴, 심지어 똥도 아주 오랜 시간이 흐른 뒤 화석으로 발견될 수 있지요. 화석화된 똥은 분석이라고 불러요.

 # 유전과 변이

진화가 일어날 수 있는 이유는 생물의 형질이 부모에게서 자손으로 전달되기 때문이에요.
무성생식(하나의 개체로부터 복제를 통해 번식)을 하는 생물의 경우는 돌연변이라고 하는
복제 실수를 통해서만 변화가 일어날 수 있어요.
반면 두 부모에게서 태어나는 유성생식 동물의 경우에는 형질이 빠르고 쉽게 섞일 수 있어요.

 ## 유전

새로 태어나는 아기는 부모의 특징을 물려받아요. 눈꺼풀, 머리카락, 키 같은 형질들이 **유전**되지요. 아기는 엄마와 아빠의 세포로부터 만들어지기 때문에 부모 양쪽의 특징을 모두 지니고 있어요.

부모 양쪽의 특징을 지닌 자녀들

 ## 변이

모든 생물은 자손에게 자신의 특성을 전달해요. 하지만 모든 자손이 똑같이 생긴 것은 아니에요. **변이**가 일어나기 때문이지요. 여러분과 여러분의 형제자매는 각자 부모님의 특성을 다른 조합으로 물려받아요. 여러분은 같은 종에 속한 다른 모든 인간과 비슷하지만(두 개의 다리, 똑똑한 뇌 등), 완전히 같지는 않아요. 어떤 사람은 파란 눈을 가지고 있지만 어떤 사람은 갈색 눈을 가지고 있지요. 키가 큰 사람도 있고 키가 작은 사람도 있으며, 어떤 사람은 중간 정도의 키를 가지고 있고요.

도우미 변이

변이가 존재한다는 것은 동일하지 않은 다양한 개체들이 한 종을 이루고 있다는 뜻이에요. 개체 사이의 차이는 부모의 유전자가 섞이고 돌연변이가 생기면서 조금씩 만들어지지요. 때로는 형질의 변이가 일어난 개체가 다른 개체보다 생존에 더 유리하기도 해요. 눈이 많이 오는 환경에서, 더 밝은색의 털을 가지고 태어난 동물은 포식자로부터 몸을 숨기기에 유리해서 더 잘 살아남을 수 있어요. 이렇게 살아남은 개체들이 번식하면서 유전 변이가 퍼지게 되고, 시간이 지날수록 더 많은 동물이 더 밝은색의 털을 갖게 돼요. 변이는 생물종이 환경의 변화에 차차 적응해 나가도록 도와준답니다.

 ## 변이를 통한 진화

시간이 흐름에 따라 변이가 누적되면서 진화가 일어나요. 공룡이 오랜 기간에 걸쳐 진화하여 팔다리가 날개가 되고, 비늘이 깃털이 되며, 이빨 대신 부리를 가진 동물이 되었을 때, 이 공룡은 더 이상 공룡이 아니라 새라는 다른 종류의 동물로 불리게 되었지요. 변이는 지구상에 무수히 많은 종을 출현시킨 원천이랍니다!

세상에 적응하기

치열한 경쟁이 펼쳐지는 자연 속에서, 생물은 생존을 위해 투쟁해야 하지요. 여기서 투쟁이 꼭 물리적인 충돌을 의미하는 것은 아니에요. 먹이에 대한 경쟁이 적은 서식지를 찾아내는 것도 일종의 생존 투쟁이라고 할 수 있지요.

적응

시간이 지나면서 생물종은 점점 더 환경에 적합한 모습으로 변해 가요. 이를 **적응**이라고 하지요. 생명체는 자신이 살고 있는 환경에 다른 종이 유입되는 것에도 적응해요. 더 큰 포식자와 맞서 싸우기 위해 몸집이 커지거나 날카로운 이빨을 갖게 되는 식으로 말이지요. 동물들은 경쟁을 피하고자 여러 세대에 걸쳐 나무 꼭대기나 땅굴처럼 덜 붐비는 서식지로 이동하기도 해요. 그런 뒤 비행을 위한 날개나 땅을 잘 파기 위한 커다란 발을 갖도록 진화하며 서서히 새로운 환경에 적응해 나가지요.

자세히 들여다보면 모든 동물에게서 적응을 발견할 수 있어요. 북극곰은 차가운 땅에서 적응해 나가면서 두꺼운 털을 갖게 되었지요. 코끼리는 햇볕이 내리쬐는 뜨거운 곳에서 시원함을 유지할 수 있도록 얇은 털과 부채질을 할 수 있는 커다란 귀를 갖게 되었어요. 식물도 주변 환경에 적응해요. 선인장은 사막에서 잘 살아갈 수 있게 진화했어요. 길게 뻗은 뿌리로 물을 잘 모을 수 있고, 두꺼운 줄기로 다른 식물보다 훨씬 오랫동안 물을 보관할 수 있지요.

완벽한 적응

사막여우

세 여우 이야기

여우는 포유류예요. 세상에는 서로 다른 서식지에서 적응해 살아가고 있는 다양한 종의 여우가 있어요. **사막여우**는 독특한 생김새를 지녔어요. 커다란 귀는 뜨거운 사막에서 열을 배출하는 데 도움을 주지요. 하지만 추운 북쪽에 사는 **북극여우**는 그런 귀를 가질 필요가 없어요. 대신 빙판 위에서 미끄러지지 않게 막아 주고 따뜻하게 해 주는 털이 난 발을 가지고 있지요. 또 다른 종인 **붉은여우**는 사람들이 살아가는 농장이나 도시에서 풍족한 먹이를 얻으며 살아갈 수 있도록 적응했답니다

붉은여우

북극여우

변화에 대한 적응

생물종은 자신이 살아가는 서식지에서 생존하도록 적응했어요. 그런데 만약 서식지가 변화한다면 어떻게 될까요? 북극곰이 살아가는 곳이 더워진다면, 더 이상 북극곰의 특징은 생존에 적합하지 않게 되겠지요. 생물종은 변화하는 환경에 재빨리 적응하거나 아니면 새로운 서식지를 찾아 이동해야 한답니다.

생존 전략

모든 생명체는 저마다의 생존 전략을 펼치도록 진화했어요.
생물은 가혹한 자연에서 살아남기 위해 싸우기도 하고,
숨기도 하며, 협력하기도 하지요.

 ## 생존 투쟁

모든 생물은 살아남기 위해 필요한 에너지와 자원을 확보해야 해요. 종의 보존은 종을 이루는 개체들의 생존과 생식 능력에 달려 있어요. 환경의 변화, 강력한 경쟁 종의 등장, 자원의 부족 등으로 인해 종이 사라지게 될 수도 있어요. 자연선택은 각 서식지에서 가장 적합한 형질과 생존 전략을 가진 개체들이 성공을 거두면서 저절로 일어나게 돼요. 진화의 이면에는 이러한 자연선택이 작용하고 있답니다.

 ## 새끼를 낳아요

모든 동물은 자손을 낳아 자신의 유전자를 대물림해요. 종의 입장에서는 가장 잘 적응한 개체가 가장 많은 자손을 낳아 적응 유전자를 널리 퍼뜨리는 것이 유리하지요. 대부분의 종에서 더 강하고 건강한 동물이 자손을 더 많이 낳아요. 예를 들어 암컷 공작새는 밝은 눈 모양이 여러 개 그려진 화려한 꼬리 깃털을 가진 건강한 수컷을 선호해요. 공작새의 꼬리는 수컷의 건강함을 상징하기 때문에 더 커지는 쪽으로 진화했답니다.

공작새

 ## 나를 지키는 방법

만약 어떤 생명체가 더 크거나 강한 동물과 맞서 싸워 이길 승산이 없다면, 최대한 싸움을 피하기 위해 **방어** 전략을 펼쳐요. 어떤 생물은 포식자에게 들키지 않으려 위장을 하기도 하고, 어떤 생물은 거대하고 딱딱한 껍질로 자신을 보호하지요. 어떤 생물은 공격자를 겁주려고 독이나 가시를 사용하기도 해요. 식물들도 이런 전략을 사용한답니다. 예를 들어 선인장은 뾰족한 가시로 뒤덮여 있어 초식동물이 자신을 먹지 못하도록 해요.

 ## 협력

어떤 생물은 다른 종들과 경쟁할 필요가 없다는 사실을 알아냈어요. 대신 이들은 **협력**을 통해 서로의 생존을 돕지요. 예를 들어 나무늘보와 조류(algae, 하등 은화식물의 한 무리)는 공생관계를 맺고 있어요. 천천히 움직이는 나무늘보의 털 속에서 자라는 조류는 나무늘보의 위장(변장)을 돕고 영양분을 제공하지요. 그 대가로 조류는 살 곳을 얻어요. 더 나아가 나무늘보 위에서 사는 나방은 조류 속에서 먹이를 얻기도 하지요. 이들은 서로 긴밀한 관계를 맺고 살아간답니다.

나무늘보

노르웨이나그네쥐

돌아다녀요

이동하는 것 또한 뛰어난 생존 전략이 될 수 있어요. 어떤 생물은 계절에 따라 더 따뜻한 곳 혹은 더 추운 곳을 찾아서 정기적으로 **이주**하는 패턴을 나타내요. 어떤 생물은 환경이 변화하고 새로운 서식지가 필요할 때만 이동하지요. 노르웨이나그네쥐 집단은 개체가 밀집되어 서식지가 협소해지면 작은 무리를 지어 먹이를 찾아 새로운 서식지로 이동해 간답니다.

멸종

모든 생물이 생존을 위해 애쓰지만 안타깝게도 생물종은 결국 사라지는 운명을 맞이하게 될 수도 있어요. 환경의 변화나 더 강한 경쟁자의 출현은 개체의 숫자가 줄어들게 하고 종이 완전히 사라지게 할 수 있답니다.

사라진 종

어떤 종을 이루는 개체들이 모두 죽게 되면 **멸종**에 이르게 돼요. 이는 공룡에게 일어난 일이지요. **도도새**는 17세기에 멸종했어요. 이 새는 인도양의 모리셔스섬에 살고 있었어요. 1598년 인간이 이 섬에 정착한 이후로 도도새가 살던 숲은 금세 파괴되었어요. 도도새는 날지 못하고 느리게 움직이는 새여서 사냥꾼이나 쥐와 개의 공격을 피할 수가 없었지요. 결국 도도새는 처음 발견된 지 100년도 채 안 되어 지구상에서 완전히 사라지게 되었어요.

도도새

멸종의 이유

종을 멸종에 이르게 하는 원인은 여러 가지가 있어요. 가장 흔한 원인은 다른 종과의 **경쟁**이지요. 두 종이 똑같은 먹이를 두고 경쟁하면 먹이에 더 잘 적응한 종이 살아남고 다른 종은 멸종할 수 있어요. 자연선택의 작용이지요. 생물종의 서식지 **변화**도 생존 가능성을 바꿀 수 있어요. 새로운 포식자가 유입되거나, 기후가 변화하거나, 갑작스러운 자연재해가 일어나는 경우이지요. 그리고 우리 **인간**이 지구 곳곳으로 영역을 확장하면서 다른 종의 운명에 큰 영향을 주고 있답니다.

위기에 빠진 종

사라질 위기에 처한 종을 멸종 위기종이라고 해요. 예를 들어 서식지가 줄어들면 멸종 위기 상황에 빠질 수 있어요. 인간이 개발이나 농사를 위해 숲을 제거하면, 많은 야생 생물이 거처를 잃게 돼요. **오랑우탄**은 그렇게 멸종 위기에 처하게 되었지요. 오랑우탄이 살고 있는 보르네오섬과 수마트라섬의 열대우림은 농작지를 만들기 위해 계속 잘려나가고 있어요.

오랑우탄

자이언트 판다

보존을 위한 노력

생물종이 멸종 위기에 빠졌을 때 **환경 보호 활동가**와 과학자가 개입하기도 해요. 이들은 통제된 공간에서 종의 번식을 돕기도 하고 멸종 위기종의 서식지를 보호하기도 하지요. 자이언트 판다는 멸종 위기에 빠졌다가 보존 활동 덕분에 개체 수가 서서히 증가하고 있답니다.

다시 살아날까?

나중에 심을 씨앗을 저장하는 것처럼, 동물의 DNA도 나중에 사용하기 위해 얼려서 오래 보관할 수 있어요. 과학자들은 멸종한 종을 그들의 DNA를 이용해 다시 살려낼 수 있는지 논쟁하고 있어요. 그럴 수 있다면, 과연 그래도 될까요?

미지의 생물들

우리가 살아가는 세계는 넓고 다채로워요. 아직도 탐험하지 못한 지역이 있고, 새로운 종들이 계속해서 발견되고 있답니다.

알려지지 않은 존재

현재까지 약 180만 종의 생물이 발견되었어요. 하지만 과학자들은 수백만 종이 더 있을 거라고 생각해요! 매년 새로운 종들이 발견되고 있어요. 그뿐만 아니라 어떤 종들은 이미 존재하는 분류군의 한 갈래인지, 아니면 완전히 새로운 분류군인지 판단하는 분류 작업 중에 있지요.

어떤 종일까요?

깜짝 발견!

2003년, 희귀종인 **키펀지 원숭이**가 아프리카 탄자니아에서 처음 발견되었어요. 이전까지 키펀지 원숭이는 상상의 동물로 여겨졌지요. 처음 발견됐을 때 개코원숭이와 비슷하다고 생각됐지만, 새로운 종으로 분류되기에 충분한 차이점이 있었답니다. 키펀지 원숭이는 다른 어떤 원숭이와도 달랐어요. 안타깝게도 키펀지 원숭이는 현재 **멸종 위기종**으로 분류되어 과학자들이 보존 작업에 힘쓰고 있어요.

새로운 정보

새로운 종의 발견은 우리가 살아가는 세상에 대한 새로운 **정보**를 전해 주어요. 심해라고 불리는 바닷속 깊은 곳은 아직 인간의 손길이 거의 닿지 않았어요. 사실 심해는 오직 소수의 탐험가만이 가 본 곳이에요. 그래서 깜깜하고 추운 심해에 대해 알려진 것이 거의 없지요. 사람들은 보통 심해에서 생존할 수 있는 생물이 별로 없다고 생각하지만, 그 생각이 틀렸을 수 있다는 증거들이 나오고 있어요. 많은 수의 무척추동물(주로 벌레들)이 심해에서 발견되면서, 이곳에서도 오랜 시간 동안 생물이 살아가며 다양하고 **새로운 종**으로 분화해 왔음을 알게 되었어요.

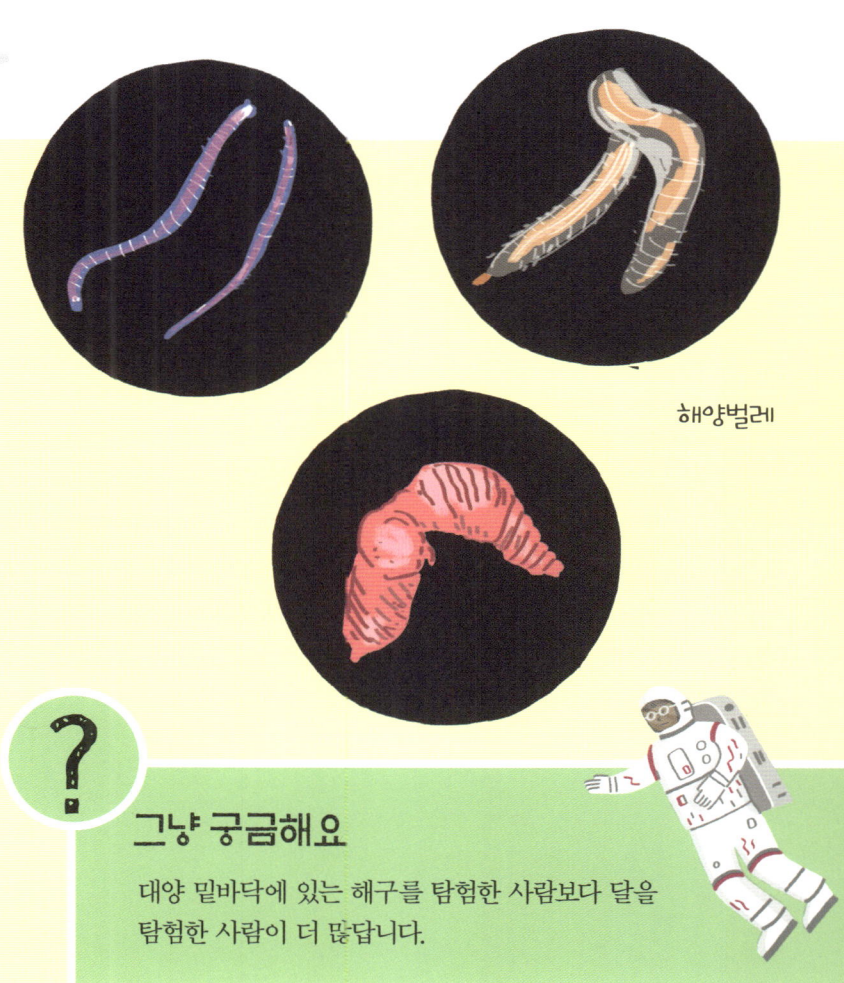

해양벌레

? 그냥 궁금해요

대양 밑바닥에 있는 해구를 탐험한 사람보다 달을 탐험한 사람이 더 많답니다.

우연한 발견

매년 수천 종의 새로운 생물이 발견돼요. 이들 중 상당수는 과학자들이 세심하게 연구하고 탐험하는 열대우림이나 대양에서 발견돼요. 하지만 어떤 종은 우리 주변 훨씬 가까운 곳에서 우연히 발견되기도 하지요. 2007년 패치코 도롱뇽(Patch-nosed salamander)은 미국 조지아주에서 길을 잃은 한 연구자에게 발견되었답니다. 시냇가에서 우연히 나뭇잎을 들춰 보았을 때, 어떤 종인지 가늠할 수 없는 도롱뇽을 발견한 거예요. 그러니 항상 호기심을 가지고 주변을 살펴보세요. 여러분이 무엇을 찾게 될지 알 수 없으니까요!

 # 지구 너머의 생명

지구라는 한 행성에만 수백만 종이 살고 있다면, 이 거대한 우주에는
얼마나 많은 생물이 살고 있을까요?
매일 이런 질문을 던지고 탐구하는 과학자도 있답니다.

생명이 있을까?

지구는 햇빛과 산소, 대기와 영양분이 생명을 지탱하기에 **완벽한 균형**을 이루고 있어요. 모든 행성이 이런 조건을 갖추고 있는 것은 아니에요. 어떤 행성은 너무 뜨겁거나 너무 차갑고, 어떤 행성은 생명이 살 수 없는 다른 악조건을 가지고 있어요. 과학자들은 태양계 바깥에서 생명이 살아갈 만한 조건을 갖춘 약 50개의 행성을 확인했지만, 아직까지 발견된 외계 생명체는 없답니다. 하지만 이것이 외계 생명체가 존재하지 않는다는 뜻은 아니지요! 우리가 아직 모르는 행성에서 생명을 위한 **조건**이 갖추어져 있고 실제로 생명체가 살아가고 있을 수도 있으니까요. 우주는 여전히 발견할 게 너무 많은 광활한 곳이랍니다.

우리의 태양계

우리와 가까운 곳

태양계에서 지구 바로 바깥쪽에 있는 행성인 **화성**은 지구와 비슷한 듯 달라요. 과학자들은 여러 이유로 화성에 주목하고 있어요. 우선, 과연 화성에 미생물이 존재한 적이 있었는지 알고 싶어 해요. 또 지구에서 살고 있는 생명체가 화성에서도 살아갈 수 있는지도 궁금해하지요. 화성은 지구보다 차갑고 방사선이 세게 내리쬐지만, 이곳에도 한때 물이 있었고 초기 지구와 비슷한 조건을 갖고 있었을 거라고 추측돼요. 만약 화성의 표면 아래에 물이 존재한다면, 그 속에 박테리아 같은 미생물도 함께 숨어 있을까요? 과학자들은 화성의 **흙**에서 과거와 현재의 생명의 흔적을 찾아내기 위해 탐사 로봇을 보내고 있답니다.

화성 탐사 로봇

 ## 지구를 떠난 생물

2000년대 초반, 과학자들은 지구 바깥에서 작물을 기르는 실험을 시작했어요. **국제우주정거장**에선 2002년부터 식물을 기르는 실험이, 2010년부터는 식용작물을 기르는 실험이 이어지고 있지요. 과학자들은 화성의 척박한 화산토에서 완두콩과 리크, 토마토 같은 작물을 기를 수 있는 물 공급 시스템과 실내 환경도 시험하고 있어요. 만약 우리가 우주에서 식량을 생산할 수 있다면 더 장기간의 우주 탐험이 가능해질 거예요. 지구 바깥에서 작물을 기를 수 있다면 지구에서 포장해 온 음식이 떨어져 귀환해야 할 일이 없어질 테니까요.

과학이 발전하면서 생명을 창조하고 발견하는 흥미진진한 **가능성**이 열리고 있어요. 여러분이 살아가는 동안 또 어떤 새로운 발견들이 이루어질까요?

용어 풀이

DNA(데옥시리보핵산): 세포 안에서 유전 정보를 저장하고 있는 화학물질

고세균: 아주 오래전 지구에 등장한 미생물 집단 중 하나. 많은 고세균이 혹독한 환경에서 잘 번성해요.

광합성: 식물이 햇빛을 이용하여 물과 이산화탄소로부터 당을 만들어내는 과정

교배: 짝짓기를 통해 자손을 만드는 행위

기후: 특정 지역의 평균적이고 일반적인 날씨

내골격: 몸 안에 들어 있는 골격

단백질: 생물의 성장과 치유에 필수적인 화학물질

동물학: 동물과 동물의 삶을 연구하는 학문

먹이: 다른 동물에게 잡아먹히는 동물

먹이사슬: 동식물들 사이의 먹고 먹히는 연속적인 관계

멸종: 특정 종에 속한 개체들이 모두 죽어서 완전히 사라지는 것

멸종 위기종: 개체수가 줄어들어 사라질 위기에 처한, 즉 멸종할 위험에 빠진 생물종을 말해요.

무척추동물: 척추(등뼈)가 없는 동물

미생물: 박테리아처럼 너무 작아서 현미경으로만 볼 수 있는 생물

미생물학: 미생물을 연구하는 과학 분야

바이러스: 세포를 감염시켜 자신의 복제본을 만들어내며, 질병을 일으킬 수 있어요.

박테리아: 핵이 없는 단세포 미생물. 일부는 질병을 일으키고 일부는 인간에게 유익한 기능을 해요.

변이: 같은 종 안에서 발견되는 개체들 사이의 특성의 차이

분류: 생물을 유사성에 따라 함께 묶는 작업

산림 파괴: 넓은 면적의 숲과 나무를 베어내는 행위

생명체: 식물, 동물, 균류 및 단세포 생물을 포함하는 살아 있는 생물체

생물군계: 특정 기후와 지형에 적응해 살아가는 거대한 생물군집

생물다양성: 지구 전체 혹은 특정 지역에서 발견되는 생명체의 다양성

생물학자: 생물을 전문적으로 연구하는 과학자

생태계: 서식지에서 상호작용하는 생물과 무생물의 공동체

생태학: 생물이 다른 생물 및 주변 환경과 맺고 있는 관계를 연구하는 학문

서식지: 동식물과 기타 생물들이 살아가는 자연의 서식 환경

세포: 모든 생명체를 구성하는 가장 작고 단순한 단위

소화: 음식물을 몸이 사용할 수 있는 물질들로 쪼개는 과정

수분: 식물이 번식할 수 있도록 꽃가루를 옮기는 것

수정: 암수의 생식세포가 합쳐져 자손을 만들어내는 것

식물학: 식물을 연구하는 학문

식물학자: 식물을 전문적으로 연구하는 사람

염색체: 단단히 꼬인 DNA 가닥으로 진핵세포의 핵 안에 있으며 유전자를 포함하고 있어요.

영양분: 성장과 생명 유지를 위해 필요한 영양을 공급하는 물질

온실효과: 태양열이 대기에 갇혀 지구가 더워지는 현상

외골격: 몸을 감싸고 있는 단단한 골격

원핵생물: 박테리아와 고세균처럼 뚜렷한 핵이나 세포막이 없는 단세포 미생물

유전: 부모로부터 자손에게로 특성이 전달되는 현상

유전자: 생물의 특성을 결정하는 DNA의 일부 또는 한 부분

이주: 날마다 혹은 계절마다 한 지역에서 다른 지역으로 이동하는 것

자연선택: 환경에 가장 잘 적응한 종이 살아남고 번식하며 그렇지 못한 종은 죽어서 사라지는 과정

장기(기관): 심장과 뇌처럼 특정하고 중요한 기능을 하기 위해 함께 일하는 조직들의 집합

재생에너지: 태양열과 풍력처럼 고갈되지 않는 원천으로부터 만들어진 에너지

적응: 생물종이 시간이 지남에 따라 환경에 더 적합하게 변해 가는 과정

조직: 비슷한 세포들의 모임

종: 함께 생식을 할 수 있는 비슷하게 생긴 개체들의 집단

진핵생물: 핵을 비롯하여 막으로 둘러싸인 여러 세포소기관을 가진 세포로 이루어진 생물

진화: 지구상에서 오랜 세월에 걸쳐 생물이 변화하고 발전하는 과정

척추동물: 척추(등뼈)를 가진 동물

포식자: 다른 동물을 먹고 살아가는 동물

해부학: 인간과 동물을 포함한 생물의 신체 구조를 탐구하는 학문

핵: DNA를 품고 있으며 세포의 기능을 지시하는 진핵세포의 중심 세포소기관

화석: 주로 암석 안에 보존되어 있는 선사시대 생물의 잔해 혹은 흔적

화석연료: 수백만 년 전에 죽은 생물의 잔해로 만들어진 석탄이나 석유 같은 연료

용어풀이

찾아보기

DNA 14-18, 21, 22, 45, 123

건강한 습관 106-107

고세균 27

골격 64-65

관속식물 36

광합성 31, 32, 75

균류 21, 26, 113

기후 변화 82-83

꽃 39

농업 44

동물 26

동물의 생활사 56-57

동물학 48-67

먹이사슬과 먹이그물 30, 60-61, 78-79

멸종 122-123

무관속식물 37

무척추동물 54-55, 113

물의 순환 71

미생물 20-21, 24-25

미생물의 삶 20-21

미생물학 11-27

바이러스 23

박테리아 22, 25

벌 42-43

보존 45, 123

분류 9, 26-27, 50-51

생명의 역사 112-113

생명의 정의 8-9

생물군계 72-73

생물다양성 76

생물의 왕국 26-27

생물학의 정의 7
생물학자 7
생식 17, 31-33, 40-41, 58-59, 104, 116-117, 120
생존 전략 66-67, 120-121
생태계 74
생태학 68-87
서식지 70-71
섭식과 소화 62-63
세포 11, 16-21
식물 16, 26, 28-47
식물성 재료와 활용 46-47
식물의 기관 32-33
식물의 생활사 38-39
식물의 필요 34-35
식물학 28-47
아리스토텔레스 9
알렉산더 플레밍 경 22
우림 76-77
원생동물 21
원생생물 27
원예학 44
유기화합물 13
유전 116-117
유전 변이 117
이파리 32-33
인간의 감각 102-103
인간의 관절 92
인간의 근육 92-93
인간의 뇌와 신경계 96-97

인간의 뼈 90-91
인간의 생활사 104-105
인간의 소화 100-101
인간의 순환계 98-99
인간의 장기 94-95
인체 해부학 88-107
자연선택 110, 118
자연의 균형 80
자연재해 81
적응 118-119
종의 발견 124-125
지구 너머의 생명 8, 126-127
지구에 대한 인간의 영향 84-85
진화 108-127
찰스 다윈 110, 111
척추동물 52-53, 113
탄소 순환 75
테오프라스투스 45
플랑크톤 21
현미경 10
화석 114-115
화석연료 47, 75, 82
화학 원소 12-13, 30, 31
환경보호 86-87

찾아보기

131

| 초판 1쇄 발행 | 2023년 4월 10일 |
| 초판 2쇄 발행 | 2024년 3월 20일 |

글쓴이   로라 베이커
그린이   알렉스 포스터
옮긴이   이대한

펴낸이   이혜경
펴낸곳   니케북스
출판등록 2014. 04. 7 | 제 300-2014-102호
주소   서울시 종로구 새문안로 92 광화문 오피시아 1717호
전화   (02)735-9515 | 팩스 (02)6499-9518
전자우편 nikebooks@naver.com
블로그   nikebooks.co.kr
페이스북 www.facebook.com/nikebooks
인스타그램 www.instagram.com/nike_books

ISBN 978-89-98062-63-7 74400
     978-89-98062-45-3 (세트)

니케주니어는 니케북스의 아동·청소년 브랜드입니다.

책값은 뒤표지에 있습니다.
잘못된 책은 구입한 서점에서 바꿔 드립니다.

어린이제품 안전특별법에 의한 표시사항
제조자명 니케북스 제조국 대한민국 사용연령 8~13세 제조년월 판권에 별도 표기
주소 서울시 종로구 새문안로 92 광화문 오피시아 1717호 연락처 02-735-9515
주의사항 책 모서리나 종이에 긁히거나 베이지 않게 조심하세요.